674

Über das Buch:
Ausgedehnte Touren, Auftritte vor kreischenden Teenagern, Foto-Sessions für Lifestyle-Magazine und Video-Shootings sind schon lange nicht mehr das Privileg von Popmusikern. Heute steht der DJ im Mittelpunkt der internationalen Musikszene und ist vom einstigen Außenseiter zum Superstar aufgestiegen. Aber wer ist dieser DJ?
Niemand kann diese Frage besser beantworten als Hans Nieswandt. Als Musikjournalist entdeckte er House für das deutsche Publikum, als DJ bespielte er jeden angesagten Club, und mit »From: Disco To: Disco« landete er zusammen mit »Whirlpool Productions« einen Hit in den internationalen Charts. In seinem Buch »plus minus acht« erzählt er von seinem Leben als DJ. In den Geschichten steht Schrilles neben Skurrilem, Alltägliches neben einzigartigen Erlebnissen. Denn seine Arbeit findet nicht nur in glamourösen Metropolen statt, sondern führt oft in die Provinz, verbunden mit langen Zugreisen und nervenaufreibender Organisation. »plus minus acht« berichtet von Reisen nach Mexiko und Magdeburg, von gescheiterten wie grandiosen Clubnächten, ausverkauften Hallen und winzigen Kellern.

Über den Autor:
Hans Nieswandt, geboren 1964, lebt mit seiner Familie in Köln. Er gilt als einer der renommiertesten House-DJs Deutschlands und arbeitet seit 20 Jahren als Musikjournalist und Produzent. Er war Redakteur der Zeitschrift »Spex« und veröffentlichte mit »Whirlpool Productions« vier Alben. Im letzten Jahr erschien in der Anthologie »Sound Signatures« sein Text »I'm a popstar in your country«. »plus minus acht« ist sein erstes Buch.

Hans Nieswandt
plus minus acht

DJ Tage DJ Nächte

Kiepenheuer & Witsch

5. Auflage 2007

© 2002 by Verlag Kiepenheuer & Witsch, Köln
Alle Rechte vorbehalten. Kein Teil des Werkes darf in irgendeiner
Form (durch Fotografie, Mikrofilm oder ein anderes Verfahren)
ohne schriftliche Genehmigung des Verlages reproduziert oder
unter Verwendung elektronischer Systeme verarbeitet, vervielfältigt
oder verbreitet werden.
Umschlaggestaltung: Barbara Thoben, Köln
Umschlagmotiv: »DiscoKids« © Kalaman
Gesetzt aus der Minion
Satz: Greiner & Reichel, Köln
Druck und Bindearbeiten: Clausen & Bosse, Leck
ISBN 978-3-462-03096-9

Für Andrea, Zooey und Nala

Inhalt

Prolog — 11

Wie es dazu kam

Intro — 19
Vol. 1–3 — 24
Disco Fuhrer — 51
Hart an der Grenze — 61
Whirlpool Produktionen — 66

Wie man es so macht

Ereignisse zwischen 33 und 45 — 103
Discos, die ich gesehen habe — 122
Resident Evil — 132
Das Frühstücksbuffet — 138
Beruf: DJ — 140

Und wo das alles hinführt

Northern Osten — 147
Riskante Frequenzen — 167
Corporate Clubbing — 171
Jugend der Welt — 187
Listenwesen — 215

Reproduktion einer original Technics SL 1200MKII PitchControl

Prolog

»Ich kann nicht glauben, dass du DAFÜR bezahlt wirst!« Mehr als einmal habe ich das gehört, in einer *wahnsinnigen* Auflegenacht, wenn alle Arme in der Luft waren, jedes noch *upliftendere* Lied brüllend begrüßt wurde und die *Vibes* vom *deepsten* waren. Da hatte wieder jemand eine Zeit lang fassungslos zugeschaut, und ich musste ihm beipflichten: Ja, ich kann es manchmal auch nicht glauben.

Zumindest jeder DJ wird es nachvollziehen können, wie ungeheuer blöd es sich an einem verregneten Donnerstagmittag, fünf Jahre später, anfühlt, eine bestimmte sensationelle Nacht zu beschreiben und die grandiose Rolle, die er selbst darin gespielt hat. Schreib *das* bitte mal auf, ohne im Boden zu versinken. Versuche dabei Worte wie *wahnsinnig, upliftend, Vibes* oder *deep* zu vermeiden. Denn das verstehen ohnehin nur die, die dabei waren.

Anders ist es mit den trüben Tagen. Man kann sie einfach differenzierter beschreiben, auch weil man sie wegstecken und verarbeiten musste. Die brillanten Stunden genießt man einfach, willenlos, und macht sie gleichzeitig zum Maß aller Dinge.

Die Idee, eine Art objektive Essenz oder ein Resümee aus gut zwanzig Jahren Platten-Auflegen zu ziehen, kam mir vor wie der Versuch, eine Seifenblase in eine Streichholzschachtel zu stecken: so unmöglich wie sinnlos, bei all den schillernden Facetten. Kaum greifbar, zu einem wesentlichen Teil so flüchtig wie ein Traum und so zerbrechlich wie ein laufender Mix.

Und überhaupt: Kann man nach dem 11. September 2001 noch über Discos schreiben? Dieses Datum fiel in die ersten Tage der

Arbeit an diesem Buch und lähmte (nicht nur) mich für Wochen. Das Thema Auflegen kam mir plötzlich nur noch irrelevant, egozentrisch und eitel vor.

In der ZEIT las ich wenige Tage später, dass sogar das Restaurant Windows Of The World im 110. Stock des WTC einen DJ beschäftigt hatte. Nachrichten, in denen DJs irgendwie ins ernste Weltgeschehen verwickelt sind, fallen mir immer besonders auf. Meistens sind es Bombenattentate auf Discos, diese besonders zivilen und lebensbejahenden, für viele auch besonders dekadenten »amerikanischen« Stätten. Discos können fast so starke kulturelle Symbole sein wie Kirchen (einige legendäre New Yorker Sündentempel befanden sich in ehemaligen Gotteshäusern). Hier kann sich eine Lebenshaltung manifestieren, die sie für medienbewusste Extremisten sogar angriffswert macht.

Der DJ des WTC hatte dienstagmorgens, zum Zeitpunkt des Desasters, natürlich frei. Er erzählte, dass er dort oben jede Mittwochnacht Easy Listening gespielt hatte. Zunächst für die New Yorker Lounge-In-Crowd, zuletzt »*vor allem für Brasilianer, die dazu tanzten, und für Deutsche, die ihnen dabei zusahen.*« Viele seiner Kollegen aus der Gastronomie waren gerade bei der Arbeit, als die Türme kollabierten.

Für einen DJ bedeutet es vielleicht die Welt, für die Welt ist es nur ein DJ.

DJs sind wie das Tanzorchester auf der Titanic. Sie können nichts für den Untergang, sie können ihn auch nicht verhindern, sie spielen einfach nur die Musik dazu.

Manche tun das extrem laut, »damit man nicht hört, wie die Welt zusammenbricht«, um einen alten Punk-Slogan zu verwenden.

Andere tun so, als ob nicht das Geringste wäre, als ob alles in bester Ordnung ist.

Und ich? Wahrscheinlich finde ich es einfach nur wahnsinnig upliftend, wenn die Vibes vom deepsten sind. Ich bin DJ, und das ist gut so.

In »Techno«, einem Buch, das Patrick Walder und Philipp Anz Mitte der 90er herausgaben, wird die Techno-Szene sehr treffend als »Konsumgemeinschaft in der Konsumgesellschaft« bezeichnet. DJ wäre dann ein Spaßberuf in der Spaßgesellschaft.

Obwohl DJs ganz klar auch ein Produkt des Kapitalismus sind, wenden sie hingebungsvoll Kulturtechniken an, die eigentlich kontraproduktiv sind: Hypnotrance, Total Ecstasy, Bodyrock, Deep Vogueing und ähnlicher Schabernack haben durch DJs erst ihren verdienten Platz in der Gesellschaft gefunden.

DJs verführen ihr Publikum oberflächlich zu gleichzeitig nutzlosem wie auch irgendwie konformem Verhalten, nämlich zum Tanzen. Das sagen selbst die Gastronomen.

In gewisser Weise ist das subversiv. Die Leute könnten ihre Kräfte schonen oder für etwas Sinnvolleres verwenden. Aber DJs wirken in einer Sphäre, die sich dem Effizienzdiktat der Gesellschaft zum Teil entzieht.

Kritiker schreien: »Eskapismus!«

Nathan Jones sagt: »Muzik is life.«

Die meisten Menschen, die ich treffe, sind keine weltabgewandten Traumtänzer, sondern mit der Realität so sehr vertraut, dass das Wochenend-Dance-Ritual lebensnotwendig für den Seelenfrieden wird. Sie haben es sich verdient.

Und selbst wenn man schon lange zu alt für Tanz-Marathons ist – auflegen kann man, bis man taub ist. Manche machen sogar dann noch weiter, wie man hört.

Es gibt schon mehr als ein DJ-Buch und jede Menge Club-Literatur da draußen, zum Teil sehr gute. Meistens sind das Sach-,

Lehr- und Geschichtsbücher. Oder es sind Groupie- und Drogenreports.

Alles nicht meine Baustelle. Ich entschied mich für das Prinzip *schlafwandlerisches Gleiten* und die Hoffnung, dass am Ende alles vielleicht Sinn macht.

Die Textarbeit ähnelte dabei irgendwann immer mehr einer Albumproduktion. Erst langsam schälten sich aus dem Rohmaterial die einzelnen Tracks heraus. Bis so ein Track mal rund läuft, dreht und wendet man ihn immer wieder. Dabei werden ständig andere Elemente fokussiert: der Grundgroove, der Raum, bestimmte Schlüsselstellen, die Aussage etc. Gleichzeitig will man daraus keine Wissenschaft machen, sondern die ursprüngliche emotionale Erregung über einen langen Zeitraum erhalten. Zwischendurch geht man auflegen und erlebt dadurch noch ständig Neues.

Spex-Texte oder Dance-Remixe sind dagegen Schnellschüsse: Drei Tage Arbeit müssen genügen, eine gewisse punkige Ungeschliffenheit gehört dazu.

Und während man bei der Musikproduktion seine täglich wechselnden Befindlichkeiten munter in die Tracks mit einfließen lassen kann, stören die wechselnden Stimmungen beim Schreiben einfach nur.

Anders als Schreiben ist Musikmachen ein beschaulicher oder sogar genussvoller Prozess. Es gehört noch mehr Überwindung dazu, mit dem Musikmachen aufzuhören, als mit dem Schreiben anzufangen.

Und anders als beim Auflegen werden gute Übergänge nicht auf der Stelle brüllend bejubelt.

Für die Unterstützung, Geduld und Nervenstärke während der Arbeit an diesem Buch möchte ich zum Schluss ein paar Menschen danken:

Andrea, Zooey und Nala, ich liebe euch. Danke an meine Eltern und an meine Schwester, insbesondere für die Tapes und noch ein paar andere Sachen. Danke an Birgit Schmitz, Helge Malchow *and da whole* KiWi *massive*. Danke an Kalaman für die Disco Kids. Danke an Ralf Bongard für die Pitch Control. Danke auch an Torsten Schmidt, Ralf Niemczyk, Rudolf Klein, Marcel Odenbach, Adam, Karl-Heinz Pütz, Cosy, Hallmackenreuther, Café Rico, Groove Attack, Timo Klein, Dittmar Frohmann, Lars Dorsch, Jochen Bonz. Danke auch noch mal an Dirk, Eric und Justus für all die Dinger, die wir zusammen gedreht haben.

Nuff Respect für alle meine Freunde und Bekannten aus tausend und einer Disconacht, besonders die, für die dieses Buch zu schmal geworden ist. Und Big up an alle DJs, mit denen ich aufgelegt habe, alle Leute, die mich gebucht haben, und alle Produzenten, deren Platten ich zu spielen geliebt habe. *Keep on pumpin da shit.*

Wie es dazu kam

Intro

Der Gang zog sich endlos in die Länge. Ich folgte dem hohen, schmalen Korridor, der um immer wieder neue Kurven führte, schummrig, voller Gerümpel, leeren Getränkekisten und irgendwelchem Putzmaterial. An meinen Schläfen spürte ich ein lauter werdendes Dröhnen, ein dumpfes Wummern. Eine weitere Ecke, dann bog ich in eine Sackgasse, an deren Ende ich vage eine Tür erkennen konnte. Der Lärm war nun fast unerträglich geworden, und unter der Türritze kroch etwas Weißliches hervor, und eine Art Wetterleuchten schien dahinter zu toben, wie ein Feuerwerk.

Ohne zu zögern öffnete ich die Tür. Dichter, leuchtender Nebel kam mir entgegen, der von einem Tosen erfüllt war. Ich zuckte ein wenig zurück, doch ich *musste* jetzt durch diese Türe gehen, meine Zeit war gekommen, jetzt gab es kein Zurück mehr …

Nein, ich war noch nicht hinüber. Ich ging bloß zur Arbeit. In eine Provinzdisco irgendwo im Hinterland zwischen Speyer, Karlsruhe und Schwetzingen.

Die Disco verfügte über einen cleveren Eingang zur DJ-Kabine, der es möglich machte, ohne jeden Kontakt zum Publikum den Wirkungskreis des DJs zu erreichen und auch wieder zu verlassen.

Als ich diesen betrat, sah ich schemenhaft eine massige Gestalt in den wabernden Schwaden. Es war offensichtlich der Resident DJ. Er brüllte mich an:

»Kannste gleich weitermachen?«

Und schon war die Erscheinung verschwunden. Ich stand allein in einer DJ-Box, in der ich nichts erkennen konnte, in einem

Club voller undurchdringlicher Nebelbänke, in einem Kaff, in dem ich ohnehin nichts sehen und eigentlich auch gar nicht sein wollte. Wie war ich hierher gekommen? Was zum Kuckuck machte ich an diesem Ort? Und was war das überhaupt für ein Leben?

Ich stellte meine Kiste auf eine freie Fläche, ließ das Schloss aufschnappen und nahm einen kleinen Stoß Platten, den ich vorne an die Kiste lehnte. Dann blätterte ich diesen und den übrigen Inhalt des Koffers durch, wählte etwa ein Dutzend Platten aus und stellte sie schräg zwischen ihre Geschwister. Das alles ging ungeheuer schnell, routiniert. Ein Außenstehender hätte nie gemerkt, dass ich in diesem Augenblick die Stirn runzelte, zauderte und haderte, spekulierte und kalkulierte.

Schließlich zog ich eine Platte aus der Hülle und legte sie auf den freien, rechten Plattenspieler. Ich wühlte in meiner DJ-Tasche, fand den Kopfhörer und entwirrte ihn umständlich, während die letzte Platte meines Vorgängers, »Vortex« von Final Exposure, ihrem Ende entgegenschranzte.

Ich ertastete den Input am Mischpult und stöpselte den Kopfhörer ein. In voller Lautstärke schmetterte mir der Track nun in die linke Ohrmuschel. Schnell nahm ich den Kopfhörer ab, drückte die *Cue Select*-Taste und justierte den *Phones Volume*-Regler.

Dann setzte ich die Nadel auf, drehte die Platte rasch ein wenig nach vorne bis zum Anfang, drehte sie wieder zurück, wieder nach vorne, ein bißchen vor und zurück: eine typische DJ-Übersprungshandlung, als müsste ich mich immer wieder vergewissern, dass sie wirklich richtig in der Spur sitzt, wie ein Skispringer sich noch mal die Skibrille richtet, wenn er schon oben auf dem Absprungbalken sitzt.

Und dann loslässt.

Und abhebt.

Zu einem schier endlosen Flug ...

»Vortex« hört abrupt auf, und in die Stille hinein fuhr ich nun mein Acappella-Intro. Das durchdringende Organ eines Predigers in Rage hallte durch die weiße Hölle:

»*In the beginning there was Jack, and Jack had a groove, and from this groove came the groove of all grooves, and one day when Jack was viciously throwing down on his box, Jack boldly declared* –«

Es war nicht direkt *mein* Intro, es war eher die Mutter aller Intros: Fingers Inc. »Can You Feel It«, mit dem kompletten Sermon vorneweg. Ein wasserdichter Klassiker der Housemusic. 1987 hatte der Produzent Larry Heard mit diesem Track einen ersten Ausblick auf die zukünftigen inhaltlichen Möglichkeiten und Dimensionen des noch jungen, primitiven Genres gegeben. Bis dahin waren Houseplatten nur einfach DJ-Werkzeuge gewesen, mit Maschinenrhythmus, einer Bassline und ein paar Samples. Heard aber hatte House*music* komponiert, einen Song mit einer Botschaft und einer ätherischen Soundästhetik, die Schule machen sollte.

»*– Let there be house! And house music was born! I am, you see, I am the creator, and this is my house, and in my house, there is only house music* –«

In diesem Moment ließ ich auf dem anderen Teller den Beat von DJ Pierres »What Is House Muzik?« von der Leine. Trocken und geradeaus paukte die Bassdrum los, während der Gottesmann immer mehr in Fahrt geriet.

»– *Now some of you might wonder who Jack is and what Jack is all about.*

Jack is the one who taught you how to work your body!
Jack is the one who gave you the key to the wigglin' world!

Jack is the one who brought nations and nations of jackers together in one house! You may be black, you may be white, you may be jew or gentile, it don't make a difference, in our house.
And this!
Is fresh!«

Bevor nun der eigentliche Mr.-Fingers-Song einsetzte, zog ich den Fader herunter, nahm schnell die Nadel von der Platte und schob sie zurück in ihr Futter. In einer einzigen Bewegung griff ich den nächsten Track aus der Kiste: »Nervous Acid« von Bobby Konders auf NuGroove, platzierte ihn auf der Slipmat und nahm mir viel Zeit, um ihn auf die exakte Geschwindigkeit zu bringen. Langes, smoothes Blenden war meine Leidenschaft. Es erzeugte fragile, neue Musik, die nur in diesem Moment existierte und im nächsten schon wieder verdunstet war.

»*What is ... house music? A unique form. A unique form. Of music.*«

Als DJ Pierres Meisterwerk seinen Höhepunkt überschritten hatte, fadete ich langsam den charakteristischen Helikoptersound von Konders in die sparsamer werdenden Wild-Pitch-Beats.

Zumindest der Klang der Monitore war in diesem Laden glasklar. Zwar konnte ich immer noch nicht das Geringste erkennen, aber ich vernahm jetzt eine anschwellende Welle menschlichen Jubels, der auf keine der beiden immer noch synchron ihre Kreise ziehenden Scheiben gepresst war. »Es müssen Hunderte da draußen sein«, dachte ich. »Mein Gott, was ist hier überhaupt los?«

Unterhalb der Plattenspieler war mit Gaffertape ein kleines, schwarzes Kästchen fixiert. Es sah aus wie die Steuerungseinheit der Nebelmaschine. Ich drehte den einzigen Knopf nach ganz links. Nach wenigen Minuten begann der Dunst sich aufzulösen. Überall tanzten wunderschöne Pfälzer Club Kids.

Ich holte die Platte vom Teller, wedelte mir damit Luft zu und griff zu Dave Clarkes »Red 2 EP«. Heute Nacht. War eine gute Nacht. Zum Auflegen.

Vol. 1–3

»Ich sah damals, wie DJs die Nadel von der Platte nahmen, aber die Musik hörte nicht auf.« DJ PIERRE

1

Den ersten intimen Kontakt zu Schallplatten hatte ich mit der Sammlung meiner Eltern. Sie bestand hauptsächlich aus deutschen Singles der 50er Jahre. Die Platten steckten nicht in normalen Hüllen, sondern waren sorgsam in spezielle Bücher einsortiert. Es waren nicht viele, insgesamt vielleicht hundert.

Sie hatten jahrelang in einer Schublade gelegen, bevor ich sie – damals war ich ungefähr acht Jahre alt – entdeckte. Auf dem Wohnzimmerfußboden neben der HiFi-Truhe hörte ich andächtig meine Lieblingslieder: »Wir bauen die Straße nach Kingston Town« und »Der Letzte Mohikaner«.

Meine ältere Schwester beobachtete ich dabei, wie sie vor dem Spiegel zu den Hits der Byrds, der Beatles und der Walker Brothers tanzte. Sie übte das Party Dancing der späten 60er: weiche, fließende Hippiebewegungen. Dann zogen wir an den Bodensee, und meine Schwester blieb in Mannheim. Zum Abschied schenkte sie mir ihre Tape-Sammlung.

Da ich kein Geld für Schallplatten hatte, begann ich, Musik auf Kassetten zu horten. Zunächst machte ich Mikrofonaufnahmen vom Fernseher: »Disco 74« und »Musikladen« waren die führenden Sendungen. Besonders die hysterischen Glamrock-Gruppen wie T. Rex oder Hello beeindruckten mich. Ich verliebte mich in Ramona, ein Mädchen aus der 6. Klasse, weil sie aussah wie der Sänger von The Sweet.

Dann wurde das Küchenradio zum wichtigsten Musiklieferanten. Meinen ersten eigenen Kassettenrekorder hatte ich daran angeschlossen und saugte nun alles auf. Ich führte gewissenhaft Buch über die Popshop-TopTen am Sonntag und frisierte die Charts in der Schülerzeitung nach meiner Fasson. Private Lieblingstracks von Queen (»Tie Your Mother Down«) und ELO (»Living Thing«), die kaum einer kannte, erreichten höchste Platzierungen. Mehrheitsträger wie Supertramp oder Barclay James Harvest kehrte ich geflissentlich unter den Teppich.

Popmusik wurde zu meiner ersten großen Liebe, zu meiner tröstenden Heiligen in der Öde der süddeutschen Provinz. Und nicht zuletzt war sie ein Terrain, das ich im Alleingang besetzen konnte. Nur in der Hamburger Musikzeitung Sounds und der gleichnamigen Schweizer Radiosendung auf DRS 3 fand ich ein paar ernsthafte Verbündete. Die Zeitung trug gerade öffentlich den Hegemonial-Kampf zwischen alternden Hippies und jungen Punks aus. Die Sendung machte diesen Konflikt dann musikalisch nachvollziehbar.

Bis zur Ankunft von Punk war Hippie das gängigste Modell eines dissidenten Jugendlichen. Erst recht, wenn der sich über Musik definierte. Man wuchs gemeinsam mit den Haaren in die Haltung hinein, während man ehrfürchtig den Weisheiten der älteren Langhaarigen aus der Oberstufe lauschte. Die bis dahin harmlose Schülerzeitung kriegte einen Riesenärger, als sie eine »Grußadresse« der »Roten Garden« abdruckte.

Bei einem »Umsonst & Draußen«-Festival am Bodenseestrand wurde legaler Pädophilen-Sex von der Nürnberger Indianerkommune propagiert, die Legalisierung von Cannabis durch Rollen eines meterlangen, kollektiven Joints gefordert und allgemein ein mittelalterliches Lagerleben gepflegt. Dazwischen hockte einsam ein früher Irokesenpunk und verkaufte Badges. Ich holte mir einen mit der Aufschrift »Support your local anarchist«, den meine Mutter wieder diskret verschwinden ließ.

Im Grunde war die kulturelle Blüte der Hippies schon längst verwelkt. Diese Information war aber bei den wilden schwäbischen Freaks Ende der 70er Jahre noch längst nicht angekommen. Nach meiner eigenen prägenden Hippie-Erfahrung beschloss ich mit 16 unwiderruflich, die langen Haare abzuschneiden und zum Punk zu konvertieren. Oder besser gesagt: zu so einer Art Punk.

Für die wirklich echten Punks mit Lederjacken, Sicherheitsnadeln, Irokesenschnitt, Bondagehose und Arschlappen waren ich und meine Freunde gymnasiale »Intellektuellen«-Punks oder New Waver mit Brillen, »Fehlfarben«-Badges, Secondhand-Sakkos, aber immerhin Bundeswehrhosen und Springerstiefeln.

In der Provinz aufzuwachsen bedeutete: Es gibt kein Entkommen, vor niemandem. Falls man kein total kaputter Typ war und sich in die absolute Isolation zurückzog, musste sich dort jeder Mensch ständig mit fast allen anderen auseinandersetzen. Der bevorzugte Austragungsort dafür war das lokale Jugendzentrum.

Dort trafen sich am Anfang der 80er Jahre: kampfbereite Mofagangs mit Kutten, sanfte Anti-Atomkraft-Hippies, italienische Discoboys mit ondulierten Locken, pubertäre Film-, Kunst- und Theater-Nerds aller Schattierungen. Dazu Typen, die sich für Shakin Stevens oder Sid Vicious hielten, mehrere Gitarristen mit Matten und Alvin-Lee-Komplex, unser kleiner, gemischter Punktrupp und so weiter. Wir gründeten diverse Bands und Fanzines, fuhren zu Anti-Rekrutenvereidigungs-Demos und Anti-Atomkraft-Kirchenbesetzungen, gingen zähneknirschend zur Schule und fanden zwischen alldem immer Zeit zum Tanzen.

In der gut ausgestatteten Disco unseres keineswegs autonomen, sondern brav städtischen, schwäbischen Jugendzentrums hatten die leitenden Sozialpädagogen uns Punks und Wavern eine Stunde pro Woche zur eigenen Gestaltung zugebilligt: mittwochs von halb acht bis halb neun.

Sie konnten uns nicht genau einschätzen. Da war vom neunmalklugen Junglinken bis zum absturzgefährdeten Asi alles mögliche Gesocks dabei. Heute weiß man, dass das oft nur ein kleiner Schritt sein kann. Ich spielte Buzzcocks, Hansaplast oder Dead Kennedys. Und natürlich Sex Pistols. Dazu tanzte der ganze Haufen Pogo, als ginge es ums Überleben.

An einem Abend stellte sich ein Italiener zu mir in die DJ-Box und wartete auf seinen Auftritt. Sie nannten ihn Mukka. Er war ein Mofagangmember. Er war gefährlich: schmaler Oberlippenbart, mediterraner Minipli-Afro und Kutte. Aber er respektierte mich. Ich war für ihn okay, denn ich handelte nicht mit Ärger, sondern mit Musik.

Das hat mich nachhaltig beeindruckt – als DJ schien ich unberührbar. Schießen Sie nicht auf den DJ. Obwohl ich mein Punk-Programm noch längst nicht als DJ-Set begriff.

Als erste Platte legte er »The Adventures Of Grandmaster Flash On The Wheels Of Steel« auf. Ich war überwältigt. Zuvor hatte ich über diese erste echte HipHop-Platte – sie war nur aus Fragmenten anderer Platten zusammengemixt und gescratcht – schon in Sounds gelesen. Eine Woche später tanzten wir schon dazu. Dann spielte Mukka direkt »Rappers Delight« von Sugarhill Gang, das uns bis dahin höchstens ein bisschen witzig vorgekommen war.

Mukka war der erste richtige DJ für mich. Er spielte funky Dance-Hits und trug ein Goldkettchen. Er war ein Womanizer und nicht unbedingt der Hellste. Aber er strotzte vor Selbstbewusstsein und hatte ein großes Disco-Herz. Er erinnerte mich an einen der Freunde von John Travolta in »Saturday Night

Fever« und prägte so meine Urvorstellung von einem DJ. Ein paar Jahre später soll er angeblich bei einer Schießerei ums Leben gekommen sein.

Punk mutierte langsam, immer analog zur Sounds-Berichterstattung, zu einer funkigen, funkelnden Art Dance-Pop. Und als sogar The Clash anfingen, groovige Club-Platten zu machen, kehrte das Disco-Prinzip nach jahrelanger subkultureller Ächtung in brandneuen 80er-Klamotten wieder dorthin zurück. Anstatt mir die Haare selbst zu schneiden und mit Seife hochzustellen, ging ich in Ravensburg zu einem Szene-Friseur, ließ mir die Haare im Nacken ausrasieren und vorne bis zum Kinn wachsen. Es ging jetzt nicht mehr darum, nur *richtig* auszusehen, sondern dabei auch noch *gut*.

Auch im tiefsten Süddeutschland öffneten nun erste Clubs, die nicht mehr nach 70er-Disco aussahen. Die Traditionskneipe Grüne Burg in Pfullendorf nannte sich um in Breitengrad. Der DJ dort spielte ausschließlich die etwas andere Discomusik, und nahezu erwachsene *Szeneleute* trafen sich hier am Wochenende zum Tanzen. Manche reisten bis aus Ulm oder gar Stuttgart an, um sich zu Rap, New Wave und den übrigen 80er-Jahre-Dancesounds schick und zickig zu bewegen.

Doch die nächste echte Großstadt blieb Zürich, wo die gerade äußerst hippe Hamburger Band Palais Schaumburg auftrat. Coati Mundi von Kid Creole & The Coconuts hatte ihre letzte Platte produziert und die Gesangsdiva Grace Jones *liiiebte* sie und nannte sie bewundernd *schleeecht*. Das hatte sie Diedrich Diederichsen in Sounds erzählt. Was die Show betrifft, kann ich mich nur noch an die Hemden in 50er-Jahre-Op-Art-Mustern erinnern. Im Vorprogramm allerdings spielte der Rapper Kurtis Blow. Zum ersten Mal sah ich eine reine New Yorker HipHop-Show, nicht nur mit genügend »Say Hoo!« für den Rest des Lebens, sondern auch mit einem echten, scratchenden, cuttenden und mixenden HipHop-DJ. Ich war schwer geflasht.

Bis etwa '81 oder '82 redete man, zumindest in der oberschwäbischen Provinz, noch nicht wirklich von DJs. Man sagte: *Machsch du heu dabn Sauund?* Allmählich wurde daraus: *Legsch du heu dabn dauuf?* Oder auch: *Machsch du heu dabn Diedschie?* Es war nicht viel mehr als ein Kneipenjob für Leute, die zum Kellnern zu ungeschickt oder zu unseriös waren.

Mein Einstieg ins Auflegen lässt sich, wie wahrscheinlich bei jedem anderen DJ auch, nur vage bestimmen. Gilt die erste Schuldisco? Oder die Party in der Kellerbar des reichen Schulkollegen, dessen Vater Anwalt war? Im Zweifelsfall ist es der Abend, an dem man zum ersten Mal dafür bezahlt wurde.

Es war ein Samstag im Frühling 1983, im damals gerade neu eröffneten Club Douala in Ravensburg. Ich bekam dafür 200 Mark, was eine Menge Geld war, die ich umgehend in Schallplatten investierte. Das Douala war ein smart designter, cocktailesker Club, passend zur Popmusik der Zeit. Ich spielte alles, was amtlich war: Scritti Politti, Indeep, Malcolm McLaren, PigBag, Kurtis Blow, Run DMC, Die Krupps, Konk, Dexys Midnight Runners, Defunkt, Talking Heads, Kid Creole, Liaisons Dangereuses, Orange Juice, T-Ski Valley, The Clash (die Disco-Phase), Jocelyn Brown, TomTom Club, Heaven 17, ABC …

Dazu benutzte ich einen Plattenspieler und ein Tapedeck. Meine gesamte Plattensammlung umfasste vielleicht hundert Scheiben und musste mit einem großen Stapel Kassetten unterstützt werden. Jedes Lied war exakt gespult. Vom sorgsamen Zwirbeln eines endlos geflochtenen Bands aus präzise im Tempo angeglichenen Tracks konnte keine Rede sein. Und es wurde schließlich auch von niemandem erwartet. Beatmixen war in den frühen 80ern nicht nur am Bodensee etwas Unerhörtes.

Bevor ich der Gegend endgültig adieu sagte und zum Studieren nach Hamburg ging, verbrachte ich einige Wochen in München und hing mit ein paar schwulen Freunden vom Dorf ab, die dort Karriere als Models, Stylisten oder Friseure machen wollten, je nachdem, was früher klappte.

Jede Nacht gingen wir aus, etwa ins P1 oder in einen spektakulären Laden, der PowWow hieß und an den sich heute in München vermutlich kein Mensch mehr erinnert. Im PowWow lernte ich eine neue, intensivere Art von Clubsound kennen samt der neuesten Hi-Tech-Lichteffekte. Die Anlage war druckvoll und bassig, darauf hatte am Bodensee bisher nie jemand Wert gelegt. Aus den Boxen hämmerte Non Stop High Energy, die ganze Zeit. Stunde um Stunde knetete es den Körper. Keine Songs, nur dieser primitive Stakkato-Beat. Die Männer tanzten schweißüberströmt und selbstvergessen, mit nackten Oberkörpern und wucherndem Brusthaar. Ich begegnete erstmals den Genossen mit Südstaatenkäppis, Schnauzbärten, Holzfällerhemden, Jeans und roten Halstüchern in der Arschtasche, deren amerikanische Brüder gut zehn Jahre vorher in der Entwicklung der Discokultur eine dynamische Rolle gespielt hatten.

Am Anfang war die Idee von Disco als Musik und Ort besonders eng mit den Fortschritten der amerikanischen Bürgerrechtsbewegungen in den späten 60er Jahren verknüpft. Die Jugend des Establishments politisierte und psychedelisierte gegen Gesellschafts-Muff und Vietnam-Krieg. In der New Yorker Christopher Street erhoben sich die Drag Queens gegen die Polizei. Schwarze Popkultur wurde zu einer Speerspitze der Gleichberechtigung. Die ersten New Yorker Discos waren Orte, in denen all diese neuen Freiheiten selbstbewusst gefeiert werden konnten.

Erst der riesige Erfolg von »Saturday Night Fever« Ende der 70er hatte Discomusik und das Discoprinzip in Deutschland bekannt gemacht. Die Kurzgeschichte von Nik Cohn, einem der großen amerikanischen Pioniere des Rockjournalismus, hatte Hollywood zwar brillant, aber auch sehr kommerziell aufbereitet und konsequent vermarktet. Dieses populäre Bild von Disco stieß weder bei der traditionell eher linken Musikpresse noch in sonstigen subkulturellen Szenen auf viel Sympathie. Die Interpreten wurden als synthetisch, die Songs als anspruchslos, die Beweggründe allgemein als niedrig beschimpft. Discomusik galt als billig und dumm.

Doch gleichzeitig ging sie mir total zu Herzen, und ohne es faktisch zu wissen, begann ich zu ahnen, dass in Wahrheit mehr hinter Disco steckte. Disco war tiefer. Im PowWow zu tanzen war nicht nur ein heiter-geselliger Ausklang der Arbeitswoche. Das Leben zeigte sich den Männern hier für ein paar Stunden wie in einer wahr gewordenen Utopie von einer idealen Seite.

2

Durch meinen popfixierten Tunnelblick hatte ich zu Hamburg den größten Bezug, viel mehr als zu München, Köln oder gar Berlin. In Berlin herrschte noch Tanz auf dem Vulkan. Dort zählte das harte Frontstadt-Ding, mit den Einstürzenden Neubauten als internationale Botschafter.

Düsseldorf wäre noch okay gewesen. Da gab es Kraftwerk und das Label Atatak, auf dem Bands und Künstler wie Der Plan, Pyrolator und einige sympathische Hamburger Acts wie Andreas Dorau oder Die Zimmermänner veröffentlichten. Düsseldorf galt musikalisch schon als sehr elektronisch und rhythmisch orientiert, und es wurde dort wohl auch sehr wichtige Kunst gemacht, wie ich der gerade in Köln gegründeten Zeitung Spex entnehmen konnte.

Mit mehreren Tramper-Monats-Tickets klapperte ich die in Frage kommenden Städte ausdauernd ab. Ich schlief nachts im Zug oder hörte Walkman. Meine Wahl des Studienortes machte ich ganz alleine von der Atmosphäre und den Vibrationen der lokalen Musikszene abhängig.

Also, Hamburg gewann das Rennen. Ich schrieb mich für Amerikanische Literaturwissenschaften ein. Die erste Zeit wohnte ich bei Stefan, einem Bodensee-Kumpel, der seit einem Jahr dort lebte und mich in die Feinheiten des großstädtischen Ausgehens einführte.

Samstagabends pflegte er sich nach der Tagesschau erst mal ins Bett zu legen. Um zwei klingelte der Wecker, er stand auf, machte sich eine Tasse Kaffee und eine Butterstulle, als müsse er zur Frühschicht. Dann legte er sich die Locken, bürstete seine Koteletten, besprühte sich mit Parfüm, warf ein Paisley-Rüschenhemd und schließlich ein dunkelblaues Samt-Sakko über. Diesen Stil hatte er in seinen ersten Monaten in Hamburg kultiviert.

Wenn gegen drei sein umständliches Neo-Mod-Outfit endlich stand, ging es ins kir, wo von vier bis acht die beste Zeit war. DJ Kai Erichson spielte keine reine Dance Music oder gar High Energy, sondern eine eklektische Mischung aus aktuellem Funk, Glam Rock und Classics. Sagen wir: Prince, T. Rex und KC & The Sunshine Band. Clubben war hier noch kein unendliches, hypnotisches Tanzritual. Hin und wieder wurde ein bisschen gedanct, aber nur, wenn ein gutes Lied kam, die übrige Zeit wurde getrunken und diskutiert. Diese Praxis im berühmten Bermudadreieck haben später dann Leute wie Rainald Goetz und Diedrich Diederichsen in Buchform beschrieben und so die gute alte Hamburger Szene der 80er Jahre unsterblich gemacht.

Aber Ende '87, Anfang '88 begann sich ein ganz anders gestricktes Clubkonzept auszubreiten: Acid House. Das stundenlange, versunkene Getanze zu immer demselben Lied, eigentlich nur zu reinem Sound, Rhythmus und Schlüsselreizen, dieses ständige Weitertanzen ins Unbekannte, sollte der große musikalische Aufbruch ins nächste Jahrtausend werden. Dass es jetzt schon so weit war, hieß für manche meiner Freunde: Die Zeit des Ausgehens war vorbei.

Meine dagegen fing mit Acid House erst so richtig an.

Bis zur Ankunft von Acid gab es kaum einen Grund, nachts auf der Reeperbahn unterwegs zu sein. In die paar Absturzläden, das TopTen etwa, oder den Black-Music-Club After Shave, verirrte man sich höchstens gelegentlich. Das Bermudadreieck und die meisten anderen relevanten Läden befanden sich in Stadtteilen wie Eimsbüttel oder dem Schanzenviertel. St. Pauli war für modernes Nightclubbing noch wenig erschlossen, die Hafenstraße gerade mal besetzt.

Das sollte sich Ende der 80er Jahre ändern. Immer mehr der kleinen Rotlichtbars machten dicht und fielen nach und nach der kombinierten Krise aus Pornovideos, Peepshows und Aids zum Opfer. Junge Underground-Gastronomen und Musikenthusiasten rückten in den kleinen, trashigen Läden nach. Die Klitschen lebten von ihrem puffigen Charme und wurden deshalb kaum renoviert. Die Betreiber aber wollten vor allem ihre privaten Obsessionen ausleben und ihre Gäste zu einem ganz gewissen Aspekt einer Facette eines bestimmten Musikstils verführen. Und so stand fast jede dieser Buden für ihren eigenen Sound: Rare Groove, Deep Funk, Soul Jazz, New Jersey Sound.

Eine der ersten dieser Art und auf jeden Fall die, der ich auch im Nachhinein am stärksten verbunden bin, war der Tempelhof. Nach einem kurzen plüschigen Gang betrat man eine kleine rustikale Pinte, die einst Camelot hieß. Das alte Schild hing immer noch über dem Eingang. Die Plattenspieler standen auf dem

Tresen, der DJ hockte in der Ecke auf der Bank. Später wurde eine richtige DJ-Box gezimmert.

Hier stieg ich als DJ wieder ein. Ich legte Disco, Uptempo Soul, Phillysound, Salsoul, ein bisschen dancigen Pop und zunehmend Garage House auf, teilweise auch HipHop. Mit den Jungle Brothers, De La Soul, Tribe Called Quest, den sogenannten Native Tongues, begann eine großartige Phase für HipHop. Sampling, und das damit verbundene digitale Ausgraben und kreative Verwursten von Musikgeschichte, verbreitete sich rasant. In England stürmte Sampling-Pop die Charts: »Pump Up The Volume« von M/A/R/R/S, »Theme From S-Express« von S-Express oder die Platten von KLF machten ziemlich schnell klar, was mit diesen Maschinen alles möglich war und welche Implikationen sie mit sich brachten: Knapp hundert Jahre konservierter Musik standen dem DJ-Produzenten theoretisch zur sofortigen Verfügung. Es war der nächste große Paradigmenwechsel nach Punk. Ein neues Role Model materialisierte sich, und ich begann schon mal, mir wieder die Haare wachsen zu lassen.

Obwohl der Wind schon kräftig aus der neuen Richtung blies, spielte ich weiterhin alles brav hintereinander weg. Ambitionen zu mixen hatte ich noch nicht. Es erschien mir wie eine andere Disziplin, wie eine Sportart, für die ich nicht vorgesehen war. Obwohl es mich absolut hypnotisierte.

Mixen, das machten die Acid-House-DJs im Shag oder Klaus Stockhausen und Boris Dlugosch im Front.

Das Front befand sich in einem seltsam toten Businessviertel. In einem Tiefgeschoss erwachte dort nachts eine geheime Welt, ein Stück New Yorker Meat District in der Hansestadt. Für mich war das Front einer der besten und kosmopolitischsten Clubs aller Zeiten. Nur konnte man nie sicher sein, wirklich hineingelassen zu werden, erst recht, wenn man in Frauenbegleitung er-

schien. Aber was Sound und Licht betraf und wie wild die Musik manipuliert wurde, suchte das Front seinesgleichen. Stockhausen dekonstruierte und rekombinierte die neuesten New-York-House- und Chicago-Jack-Trax, dass die Funken flogen. Die Tanzfläche liebte ihn dafür lautstark. Schreiend, schwitzend und tobend gerieten die Jungs dort völlig außer sich.

Shag hieß hingegen die erste explizite Acid-House-Party in Hamburg, jeden Donnerstag im Cesars Palace auf der Reeperbahn. Eine viel zu schwache Anlage und ein retromäßig verkitschter Vibe mit Tischtelefonen und Kontakt-Fähnchen erinnerten eher an die Disco-Vergangenheit als an die Techno-Zukunft. Aber es lief nur allerneueste Acid-House-Music. Teile der Bermuda-Dreieck-Boheme begannen, dort religiös hinzupilgern und sich mit denjenigen Vertretern der Front-Klientel zu mischen, die beim Tanzen nicht so strikten Wert darauf legten, unter Männern zu sein. Es kam ein sozialer und sexueller Drive ins Nachtleben, den man schon fast nicht mehr für möglich gehalten hatte.

Genau genommen war Shag noch nicht die alle Sinne überwältigende Acid-House-Explosion, wie sie sich ein halbes Jahr später unter dem Slogan »Opera House« im Grünspan ereignen sollte.

Das Grünspan war eine legendäre alte Hippie-Disco, ein Riesenladen, angeblich mit der ersten psychedelischen Lightshow in Deutschland. Damals pulsierte sie noch zu Acid Rock. Jetzt ging dort das Acid-House-Gewitter im großen Stil und für jedermann ab.

Binnen Monaten wandelte sich Acid House vom Geheimtip zu einem die Massen bewegenden Trend. Die ersten Raver in Smiley-T-Shirts, Shorts und Turnschuhen tauchten auf. Das ganze Discomode-Konzept mutierte. Die erste Welle des Old-School-Sneaker-Revivals setzte ein und ist seitdem nie wieder abgeebbt. Plötzlich ging es nicht mehr so sehr darum, attraktive Signale an mögliche Geschlechtspartner zu senden, sondern um praktische Erwägungen: Ich werde mich heute Nacht bis zu sechs Stunden am Stück in der Musik verlieren. Ich brauche Bewegungsfreiheit, Atmungsaktivität und bequemes Schuhwerk. Neben funktionalen Prämissen konnten aber immer noch ein paar modische Statements kommuniziert werden: Die Schuhe, die bedruckten T-Shirts, die Beads und Medallions, die Haare signalisierten Zugehörigkeit zu bestimmten Stilfraktionen innerhalb des Rave-Universums. An diesem Punkt berührten sich auch die House- und die HipHop-Kultur, und gemeinsam wurden sie Geburtshelfer der Sports- und Clubwear-Mode. Eine Art Kommunikation über Labels entstand: obskure amerikanische Surf- und Skatefirmen wie Stüssy sorgten unter Kennern für Respekt. Mode von einer kleinen, unabhängigen, rebellischen und »realen« Marke zu kaufen korrespondierte mit dem Konsumverhalten im Importplattenladen.

War es zunächst noch eine ungesteuerte Zweckentfremdung von Sportswear, spezialisierten sich bald neue Firmen wie »Fresh Jive« oder auch alte wie »Adidas« darauf, ihre Kunden im Club-Bereich zu finden. Innerhalb von drei Jahren entwickelte sich ein monströser Weltmarkt, der sich ganz konventionell auf den entsprechenden Modemessen präsentierte und dabei natürlich nicht vergaß, jede Menge DJs anzuheuern, die für die authentische Erdung sorgen sollten.

Ich ging fast jeden Donnerstag ins Grünspan, um zu tanzen und zu tanzen. Gleichzeitig fand ich heraus, wie man als House-DJ die Musikregie übernimmt. Wie man den tanzenden Menschen losschickt, ihn begleitet, ihm vorauseilt und ans Ziel bringt. Acid

House war ganz neutral, weder total uplifting noch aggressiv, sondern einfach nur mit einer irrsinnigen Intensität und einem unwiderstehlichen Sog, sehr, sehr laut und physikalisch, unten pulsierend, oben zwitschernd. Während man dazu tanzte, konnte man wunderbar über das Wesen des Seins und der Unendlichkeit nachdenken.

Rückblickend allerdings blieb Acid House nur eine kurze Phase, vielleicht ein Jahr oder eineinhalb. Als '89 das Unit in der Talstraße eröffnete, ging die Entwicklung schon schwer in Richtung Techno. Der Sound wurde härter und industrieller. Die ersten der berüchtigten belgischen »Bretter« verdüsterten den Dancefloor, »entmenschte Maschinenmusik«, wie man bei Spex nicht unironisch dazu sagte. Im Tempelhof versuchte ich gegenzusteuern und Garage Sound aus New Jersey und Deep House aus Baltimore zu ihrem Recht zu verhelfen. Gruppen wie Blaze oder Smack Productions schufen in seltsam entlegenen und unglamourösen Orten Musik, die mich ins Mark traf. Die erhebende Energie von Garage, das Sehnsuchtsgefühl von Disco und die Abstraktheit und trippige, kontemplative Stimmung von Deep House waren für mich die zentralen Aspekte von House, die von den anderen, immer härter werdenden DJs und Bretterheinis völlig ignoriert zu werden schienen.

Noch war ich kein richtiger DJ. Obwohl ich an der Uni eingeschrieben war, arbeitete ich inzwischen als Redakteur des später von »Prinz« geschluckten Stadtmagazins »Tango«. Detlef Diederichsen machte die Musikredaktion, ich war unverhofft zum Filmredakteur ernannt worden. Gemeinsam spielten wir nicht nur Gitarre in der Pop-Band »Medien, Märkte, Meinungen« (deren einziger Auswärtsauftritt übrigens bei der Buchpräsentation von Joachim Lottmanns »Mai, Juni, Juli« im Kölner Rose Club stattfand und durch eine Intervention der Künstler Michael

Krebber und Albert Oehlen vorzeitig gesprengt wurde), sondern unterhielten auch eine muntere Autorenrunde für unsere Rubriken, stark geprägt von Hamburger Spex-Mitarbeitern wie Andreas Banaski, Joachim Lottmann, Silke Panse, Tom Holert oder Felix Reidenbach.

Gleichzeitig war ich überwältigt von Clubs, die ich in London und New York erlebt hatte. Im High On Hope in London oder The Shelter und der Sound Factory in New York hörte ich DJs wie Norman Jay, Timmy Regisford oder Junior Vasquez. Die Leute in den Clubs tanzten anders, die Soundsysteme klangen anders, alles war auf eine »tiefere« Weise so inspiriert und inspirierend.

Es wurde langsam unvermeidlich: Fortan würde auch ich richtig mixen müssen. Nur so konnte man diesen Sound wirklich vermitteln. Man musste die Tänzer in den Mix einsperren und dann den Schlüssel wegwerfen.

Der kleine, dunkle Club Jackie 60 im Meat District hatte es mir besonders angetan. House Music traf hier auf moderne, tabulose Kleinkunst. International berühmte DJs wie David Morales legten in einem fast privaten Rahmen nur aus Liebe ihre ergreifendsten Tracks auf. Ein Transvestit mit Dreadlocks und Vollbart informierte die Anwesenden per Mikrofon über das Eintreffen von Ann Magnusson, Linda Blair und anderen Semi- und Vollprominenten. Neben ersten, wüsten Poetry-Slams, wie sie sich später auch in Deutschland verbreiteten, konnte man sich dort auch an Wet-Penis-Wettbewerben beteiligen, die sich hier dann doch nicht durchsetzten.

Dank meiner Arbeit als Stadtzeitungs- und später auch als Spex-Journalist reiste ich regelmäßig in diese Städte. In jeden dieser Ausflüge, die meist von Plattenfirmen bezahlt wurden, um einen ihrer Künstler zu interviewen, versuchte ich so viel wie möglich reinzuquetschen. Meistens verlängerte ich den Aufenthalt, um Gespräche mit Underground-House-Produzenten von privaten Lieblingslabels wie Nu Groove zu führen, fieberhaft auszugehen und alles mitzunehmen, was diese Wallfahrtsorte an Club- und DJ-Impressionen zu bieten hatten.

3

Als das neue Jahrzehnt anbrach, erreichte ich schließlich Köln. Diedrich Diederichsen hatte mir dort einen Job als Redakteur bei Spex angeboten. Ich sollte die Nachfolge von Lothar Gorris antreten, der bald darauf nach Hamburg ging. Lothar – mittlerweile schon lange Spiegel-Kulturredakteur – war ein Kenner der House- und HipHop-Materie. Er schrieb regelmäßige Kolumnen über die neuesten US-Importe, legte auf und steckte mir ein oder zwei Dinge über das Mixen. Während der Hamburger Acid-House-Hochsaison um '88 engagierte er sich in Köln mit anderen discophilen Spex-Mitarbeitern wie Ralf Niemczyk und Dirk Scheuring im ruhmreichen Rave-Club.

Bei Spex – wo ich nun der erste hauptamtliche Redakteur wurde, der nicht auch gleichzeitig Mitherausgeber war – änderte sich langsam die Redaktionskonsistenz. Diedrich und Clara Drechsler waren als klassische Spex-Glimmertwins noch mit an Bord, standen aber schon in den Startlöchern für den Ausstieg. Ein Statement musste her, ein starkes Team für die 90er. Dirk Scheuring und Rainald Goetz, so beschlossen die Herausgeber, sollten den Generationswechsel in der Aachener Straße komplettieren. Ich bildete so etwas wie die Vorhut. Als man mir den Posten vorschlug, war die Idee wohl weniger, einen redaktionsinternen Disco-DJ aufzubauen, als mit einem ehemaligen Filmredakteur die Ambitionen von Spex im Feuilleton zu stärken.

Sirius Sound System: Dirk Scheuring (links) und Hans Nieswandt fotografiert von Wolfgang Tillmans

Für mich war es *die* Gelegenheit, diesen Zirkeln zu entfliehen. Ich konnte dieses Pressevorführungswesen um elf Uhr vormittags als regelmäßigen Bestandteil des Alltags nicht mehr ertragen. Man wacht auf, frühstückt und füllt anschließend den noch mehr oder weniger leeren und somit aufnahmebereiten Kopf mit ein bis zwei unter Umständen herben Spielfilmen. Danach braucht man eigentlich gar nichts mehr selbst zu erleben. Für manche mag das verführerisch klingen, und auch mir hat das eine Weile gefallen. Aber diese Zeit war definitiv abgelaufen.

Dirk hingegen war vor ein paar Jahren von Köln nach München zu Miss Vogue gegangen, dem möglicherweise zu früh erfundenen Magazin für die junge Vogue-Leserin. Genau einen Tag nach dem Angebot aus Köln kam er nach Hamburg, um mir vorzuschlagen, ihm als Redakteur nach München zu folgen. Ich musste ablehnen, mein Herz gehörte Spex. Ich war bereit, die von

Diedrich grob umrissenen Einstellungsvoraussetzungen zu erfüllen: das Führen einer experimentellen Existenz, das Verpfänden derselben an Spex. Da gab es nichts zu überlegen.

Als ich das neulich meinem Kumpel Ali erzählte, konnte er das kaum fassen: »*Nein!* Du hättest zu Condé Nast gehen können und bist stattdessen zur Spex? Du hättest jetzt ein Büro in *Manhattan!* Die Models würden bei dir *Schlange* stehen!«

Miss Vogue ging bald das Geld aus. Dirk kehrte nach Köln zurück, und noch bevor wir uns wirklich dem Redaktionsalltag widmeten, gründeten wir ein DJ-Team, das Sirius Sound System, benannt nach meiner Spex-Kolumne über House und Artverwandtes.

Am Blattmachen interessierte mich das Schreiben dieser Kolumne inzwischen so ziemlich am meisten. Intuitiv miteinander verwobene Kurzkritiken von Importmaxis waren für mich die innovativste Literaturform. Dirk begann sofort, die Atmosphäre der Verlagsräume für die Ära der DJ-Kultur umzugestalten. Als Erstes baute er seine Plattenspieler und seinen New Yorker »Gemini«-Mixer in der Redaktion auf. Anschließend verschwand er wochenlang im Keller.

Dort, wo bis dahin eine mehr oder weniger durcheinander geschaufelte, völlig verstaubte Sammlung alter Jahrgänge herumgammelte, das sogenannte »Archiv«, sollte nach Dirks Vorstellung ein veritables Studio entstehen.

Aber bevor an das Studio auch nur gedacht werden konnte, wurde dieses Archiv erst einmal auf Vordermann gebracht: Regale wurden errichtet, der ganze Keller gereinigt, ein Teppich verlegt und die Jahrgänge sortiert.

In der Zwischenzeit hatte auch Rainald Goetz seinen Dienst als neuer Spex-Redakteur gut gelaunt angetreten:

»Gebt mir die banalsten Aufgaben! Alles, bloß keine Artikel

oder Kolumnen schreiben. Gebt mir ganz normale Redakteursarbeit.«

Wir beschlossen, dass er es mit der News-Seite probieren sollte. Das war nervig, aber auch notwendig und würde im Falle eines längeren Engagements auf dieser Ebene auf jeden Fall zur Routine gehören. Hoch motiviert zog Rainald mit dem Packen Faxe und internationaler Presse ab, aus dem man in Prä-WWW-Tagen die News herauszufiltern pflegte.

Nachmittags legte er zerknirscht seinen ersten Entwurf als News-Redakteur vor, und schon beim Abendessen kamen alle herzlich überein, dass es ein witziger Versuch war, im Grunde aber doch nicht wirklich das Richtige auf seinem Lebensweg. Und wahrscheinlich vernahm er da schon den Sirenengesang des Omen und der Love Parade.

Es war schade, aber toll, außer vielleicht für Dirk, der ja immerhin im Vertrauen auf diese Troika seine Zelte in München abgebrochen hatte. Vorübergehend schmissen wir die Zeitung zu zweit, er meistens im Keller frickelnd, ich oben telefonierend.

Die klassischen Spex-Kontakte aus dem alternativ rockenden und elitär lärmenden Umfeld konnte ich kaum noch kompetent bedienen. Ich wollte nur noch auflegen und mixen, danach mixen und auflegen, und danach das Ganze wieder von vorne. Ich besorgte mir zwei Technics – einen kaufte ich, für den anderen musste ich eine alte Rickenbacker-Gitarre eintauschen.

Ich inserierte in einer Stadtzeitung: »Tausche Rickenbacker-Gitarre, Modell John Lennon, gegen Technics-Turntable.« Und verblüffenderweise, obwohl bereits 1990, fand sich auch tatsächlich jemand, der mir seinen amtlichen Technics überließ – weil er zu Hause gerade auf CD umstellte. Dazu hatte ich mir einen billigen kleinen Realistic-Mixer aus einem Londoner Elektronikshop in der Oxford Street besorgt, den ich zu Hause erst noch mit einem kontinentalen Stecker versehen musste, bevor ich endgültig startbereit war.

Endlich hatte ich mein eigenes Wohnzimmer-DJ-Setup. Und wenn ich nicht in die Redaktion musste, blieb ich dort und mixte. Teilweise um zu üben oder bestimmte Übergänge und Kombinationen auszuprobieren, aber vor allem, weil ich es innig liebte, mich durch Berge neuer Maxis zu mixen, die ich mir nun in maßlosen Mengen kaufte.

US-Importe konnte ich gar nicht erst stehen lassen, aber auch bei all den anderen Stilen musste man sich auf dem Laufenden halten: Bleep-Techno aus Sheffield, Italo-House aus Bologna, Ragga-Breakbeat-Kreuzungen aus Brixton. Ich forcierte die DJ-Aktivitäten, nicht zuletzt, um einen guten Grund für diese Maßlosigkeit zu haben.

Die 12-Inch-Maxi-Single wurde für mich ein ganz besonderer Fetisch. Sie war das DJ-Format. Sie war nicht für den Einsatz durch Endkonsumenten gedacht, sondern ein Werkzeug, mit dem der DJ im Club arbeitet. Dazu wurde die Platte mit unterschiedlichen Versionen und Elementen des Originals versehen, um das Stück bequemer, effektiver, aber auch kreativer einsetzen zu können. Weil es nicht um die verkaufsfördernde Oberfläche, sondern nur um das ging, was in den Rillen steckt, verzichteten die meist kleinen, unabhängigen Labels auf ein aufwendiges Design oder gar bunte Cover. Das kostete nur Geld. Bei einem Hammer kam es auch nicht auf die Verpackung an. Stattdessen steckten die meisten Scheiben in einfachen schwarzen Standardhüllen mit Loch in der Mitte, durch das man das Label lesen konnte: ein unprätentiöses, aber prägnantes, manchmal jedoch einfach dilettantisches Logo, darunter in einer schäbigen Typo die technischen Spezifikationen, Namen und ein paar geheimnisvolle

Grüße an mysteriöse befreundete DJs *and all the underground massive in da house, keep on pumpin da shit.* Die ganze billige Pracht in Plastikfolie eingeschweißt, das sogenannte *Shrinkwrapping*, das beim Aufbrechen nicht nur oft einen blutigen Daumennagel hinterließ, sondern auch jedes Mal das feine Aroma ihrer Herkunft zu entlassen schien.

In New Yorker Plattenläden wie Dance Tracks, Rock & Soul oder Vinyl Mania war es wie im Wunderland, als hätte ich vorher noch nie einen echten Plattenladen besucht.

Heute ist Köln mit seiner hoch differenzierten Plattenladenlandschaft ein Mekka für DJs jeder Konfession. Anfang der 90er hatte Köln nur Saturn und wom zu bieten sowie den DJ-Laden Music Man in der Südstadt, der zwar durchaus einiges auf Lager hatte, aber sich eher an Großraumdisco- und Techno-DJs richtete. Für mich musste ein amtlicher House-DJ-Plattenladen so authentisch und spirituell sein, wie ich es aus New York oder London kannte. Es erhöhte den liebevollen, persönlichen Bezug zu einer Schallplatte ungemein, wenn man sie in einem Kontext gekauft hatte, in dem man verstanden wurde.

Der allmählichen Annäherung von Punk und Disco über Hip-Hop, Techno und House entsprach der Londoner Plattenladen Vinyl Solution in der Portobello Road. Er war die perfekte Metapher dafür: In dem Laden wurde Parterre Punk und Hardcore verkauft, im Keller House, HipHop und »Bleeps«. Acid House, eigentlich ein amerikanischer Stil, hatte gerade die London-typischen Reggae-Einflüsse und Breakbeats verdaut. Die Tracks von Tricky Disco, Shut Up And Dance, Nicolette und Ragga Twins blieben dabei in einem moderaten Tempo, von Drum & Bass war noch keine Rede.

Das Konzept von Vinyl Solution war ein Ausweg aus dem Vermittlungsproblem, an dem ich knabberte. In einer Spex-Reportage über den Laden konnte ich endlich nachweisen, dass Punk und Disco keine Feinde mehr waren. Der Krieg war vorbei, der Nachricht wollte ich Gehör verschaffen. Als Nächstes peinigte ich die leicht wertkonservativen Leser und Anzeigenkunden des als Indie-Magazin verstandenen Hefts mit einer ausgedehnten Reportage über die verrückte Discoszene in Rimini. Ich war mir todsicher, dass House immensen Appeal und Potenzial für zukünftige Musikmacher, -konsumenten und eben auch Spexleser hatte und sich dort ein relevanter Raum geöffnet hatte, den es unbedingt zu besetzen galt.

Während Dirk und ich in der Redaktion mit dem Tagesgeschäft haderten, taten wir uns als DJ-Team leichter. Dirk war schon ein alter Hase. Von ihm lernte ich, dass die Gummischeibe vom Plattenteller entfernt wird, bevor man die Slipmat darauf legt, dass man aus dem durchsichtigen Plastik-Innenfutter von Importmaxis Not- oder Zusatz-Slipmats basteln kann, dass man die Kontakte notfalls mit Wodka reinigt und dass der eingeschweißte Marmorkuchen im Intercity sehr lecker ist. Wir spielten HipHop, sogenannten Club Soul (etwa die frühen Massive Attack), Dub-, Deep-, Disco- und Jazz-House, Manchester Sound (die Happy Mondays im Paul-Oakenfold-Mix, Primal Scream im Andy-Weatherall-Mix), Italo House, frühe Nightmares On Wax – eine weitschweifige Reise durch aktuelle Tanzmusiken. Alter Funk oder Disco Classics wurden noch strategisch vermieden, nur der neueste, vorderste Sound gespielt.

Im Hochsommer organisierten wir mehrere Jahre hintereinander nach englischem Vorbild einen sogenannten »Weekender« am Bodensee: »Koolin in Konstanz«. Der ehemalige Chef der Grünen Burg, Donath Heppeler, war langjähriger Spex-Leser, Cumbia- und Conjunto-DJ sowie der charismatische Gastgeber eines gediegenen Tanzschiffs.

Auch am Spex-DJ-Line-up in diesen Jahren kann man die Verschiebungen erkennen, die sich in der Spex-Redaktion vollzogen. War im ersten Jahr Diedrich Diederichsen noch als Reggae-DJ gebucht, legte im dritten und letzten Jahr schon Tobias Thomas Kölner Elektronik auf. Oliver von Felbert spielte zunächst noch Dub House und Downbeats, wandte sich dann verstärkt Drum & Bass zu. Sebastian Zabel legte seinen

Illustration von Felix Reidenbach

Rave und Ralf Niemczyk seinen Northern Soul bald überhaupt nicht mehr auf. Dirk schließlich war auf einer Fahrt zum Bodensee eine von zwei Plattenkisten abhanden gekommen und damit ein relevanter Teil seiner House-Kollektion. Damit schien sich fast symbolhaft anzudeuten, dass das Sirius Sound System als Kombipackung seinem Ende zugehen würde. Unsere Ansätze begannen sich zu knubbeln. Ich wollte nur noch House auflegen und hören. In den Phasen langsamerer Musik – genau genommen: wenn ich nicht auflegte – wurde ich zunehmend ungeduldig und unzufrieden.

Während ich mir mühelos Namen, Tracks und die verschiedenen Mixe der noch so obskursten Hinterzimmer-Produktion aus New Jersey einprägen konnte, rückten die Diskurse und die Produktion von Spex immer mehr in den Hintergrund. Das Blattmachen verursachte Kopfschmerzen. Dirks Kellerprojekt kam zum Stillstand, aber zumindest hatte das Archiv passable Formen angenommen. Er sah, dass es gut war, und beschloss, die Redaktion zu verlassen. Mark Terkessidis und Christian Storms lösten ihn in der Redaktion ab.

Christian hatte ein Volontariat bei Titanic gemacht und angefangen, für Spex über Filme zu schreiben. Während seiner ganzen Redakteurszeit war er täglich von Mönchengladbach nach Köln gependelt, hatte nebenbei sein Studium durchgezogen und verkündete das auch auf einem T-Shirt. Mittlerweile gehört er zur Stamm-Redaktion der Harald-Schmidt-Show.

Mark, heute respektierter Kolumnist und Buchautor, war zum Zeitpunkt seiner Redaktionsrekrutierung Psychologie-Student und von Diedrich ins Gespräch gebracht worden, um die Diskurs-Fraktion des Magazins zu stärken, bevor die Disco-Fraktion endgültig überhand nahm.

Ich zog mich als Redakteur, Schreiber und V.i.S.d.P. zunehmend in diese Discowelt zurück, die als DJ und Produzent nun immer mehr auch meine reale Welt wurde.

Ende '92 war es Zeit für einen Schlussstrich. Die jetzt ständig mit DJ-Bookings, eigenen Partys und immer mehr Reisen verbrachten Wochenenden unter teils extrem ravigen Bedingungen ließen vernünftige Büroarbeit vor Mittwochnachmittag nicht mehr zu. Im Mai '93 verließ ich die Redaktion, um mich fortan ganz dem Auflegen, Produzieren, Veranstalten zu widmen. Meine inzwischen H-Muzik getaufte Kolumne behielt ich allerdings bis auf weiteres. Mein Nachfolger als Redakteur wurde Christoph Gurk.

Weil ich schleunigst eine eigene, pure, regelmäßige Underground-Housesession in einem korrekten Club wollte, eine Heimat, hatte ich mich schon Ende '91 an den Rose Club gewandt. Das offizielle Wohnzimmer der alten 80er-Jahre-Redaktion schien mir der ideale Ort für die Kölner Variante eines dreckigen, aber auch euphorischen, irgendwie *brooklynesken* Blockparty-Vibes. Seit Jahren rockten da die derbsten Grungebands wie Nirvana,

Mudhoney, GWAR und wie sie nicht alle hießen. Es erschien nahe liegend und verlockend, diesen klassischen US-Alternativrock-Austragungsort ein wenig aus seinem Kontext zu entfremden und für etwas Neues zu öffnen.

Die House-Party nannte ich »Whirlpool – Massive Sounds In A Garage House Style!«. In dem dunklen, roten Loch war es jeden zweiten Samstag gestopft voller glücklicher House-TänzerInnen. Weil es keine Klima-Anlage gab, tropfte ab eins das Kondenswasser von der Decke zurück auf den Dancefloor. In manchen Momenten, bei manchen Tracks wie »Alright« von Urban Soul oder »Can You Feel It« von MK dachte ich, das Dach würde jede Sekunde wegfliegen.

Als ein Bekannter von mir einen sympathischen amerikanischen DJ aus Paris zu Besuch mitbrachte, lud ich ihn ein, als Gast-DJ aufzulegen. Sein Name war Eric D. Clark. Wir schaukelten uns gegenseitig hoch und mit uns das neue Rose-Club-Publikum. Es funkte sofort zwischen uns als DJs und als Freunde.

Auf dem Höhepunkt einer dieser ersten Whirlpool-Partys schlug Justus Köhncke mir zwischen zwei Tracks vor, gemein-

sam Musik zu produzieren. Als nach drei Monaten im Rose Club Schluss war, heizte die Energie noch fast zehn Jahre nach, um Eric, Justus und mich als Whirlpool-Produktionsgang zu verbinden, manchmal sogar als so etwas wie eine Band.

Disco Fuhrer

1

»Wicked mid-week garage disco xtravaganza with legendary DJs spinning the fonkey house trax, big beats and boogie choons in a relaxed and friendly, mixed-gay vibe. In the backroom, Scratchmaster Stylus Longus cuts up da abstract hiphop shit for da headz.«

Etwas in der Richtung schwebte auch mir vor. Das Club-im-Club-Prinzip aus London hatte mich schon lange begeistert. Fasziniert las ich die poetischen Kurzbesprechungen solcher Nächte in Magazinen wie Time Out und stellte mir vor, wie schön es dort wäre.

Aber wo konnte so ein Konzept in Reinkultur durchgezogen werden? Alle normalen Kölner Discotheken fielen direkt durchs Raster. Eric und mir blieben nur die kleinen, vergessenen Clubs, und in diesen nur die lahmen Nächte wie Donnerstag.

Nach dem Aus im Rose Club ging Whirlpool zunächst in der Kölner Altstadt vor Anker. Die meiste Zeit des Jahres ist dies eine No-Go-Area, es sei denn, man ist Tourist, Karnevalist, schwul oder alles zusammen. Wir hatten dort die leicht abgetakelte Black-Music-Disco Kauri-Keller aufgetan und waren inzwischen ein Team: Meine Freundin Andrea machte oben die Tür, unten spielten Eric und ich *fonkey* House. Zwei Monate später zogen wir weiter.

Aus Szene-Sicht lag das Camayenne am Rande des Belgischen Viertels weitaus günstiger. Kölns afrikanisch-stämmige Kolonie traf sich hier am Wochenende zu Afro-Beat und Roots Reggae. Der Keller war so niedrig, dass Leute wie Eric und ich nur gebückt tanzen konnten. In dem winzigen Käfig von DJ-Box musste das Mischpult unter den Plattenspielern – zwei *riemengetriebenen*

Technics-Kopien – stehen. Vernünftig zu mixen war unter diesen Umständen ein Ding der Unmöglichkeit.

Und das Camayenne war ein Dorn im Auge der Anwohner. Um diese nicht zusätzlich zu provozieren, hatten die Chefs die Bassboxen zur Wand gedreht. Auf der Tanzfläche war es nun zwar lächerlich leise, aber umso besser konnten sich die tiefen Frequenzen in die benachbarten Wohnungen fortpflanzen. Nur ein paar Wochen, und wir strichen die Segel.

Etwas Solides musste her, es durfte ruhig gut abgehangen sein. Das Luxor war ein langjährig bewährter, ehrlicher Konzertschuppen mit einer anständigen Infrastruktur. Für Underground-House-Partys aber im Grunde indiskutabel. Den Abend dort nannten wir sehr zeitgemäß »Nervouz System«, und auf dem Flyer versprachen wir als »*legendary DJs*« freien Eintritt für jeden Gast in »*Glamour- oder Fetishwear*«. Solche Leute verirrten sich natürlich nie ins Luxor. Nach einer Hand voll Sitzungen brach auch das »Nervouz System« zusammen.

Dennoch hatten unsere Partys in Köln einen guten Ruf. Selbst abgeranzte Ringdiscos und Mainstream-Clubs probierten es mit den Whirlpool-DJs. Inzwischen hielten wir uns allerdings in Sachen House für unantastbar. Das Publikum hatte sich nach uns zu richten und nicht etwa umgekehrt. Die normalen Nachtschwärmer, Pistengänger und Schluckspechte zwischen 42 dp und Neuschwanstein scheuchten wir mit dieser Philosophie regelmäßig überfordert vom Dancefloor. Perlen vor die Säue, dachten wir. Und anderswo verstand man uns besser.

Besonders im Windschatten von Frankfurt, zwischen Mannheim, Ludwigshafen und Heidelberg, tat sich für uns einiges. Im Milk auf den Mannheimer Planken verkehrten die Mover und Shaker der ganzen Region, auch spätere DJ-Prominenz wie David Moufang, Holger »Groover« Klein, See-Base oder Bassface Sascha. Der Laden stand unter der Ägide von DJ D-Man. Ein aufgedrehter Zeitgenosse, den die musikalische Aufbruchsstimmung der frühen 90er ebenfalls voll erfasst hatte.

Während wir aber unsere Kölner House-Partys entweder in irgendwelchen B-Locations oder alten Discos an schlechten Tagen abhielten, war das Milk bereits ein ausgewiesener House-Club. Als ich das erste Mal dort auflegte, hatte D-Man neben dem normalen Plattenspieler-Ensemble ein komplettes Live-System inklusive Computer und Keyboards aufgebaut, mit dem man sich direkt in das DJ-Set einklinken konnte. Für ihn war das die einzig logische Konsequenz aus der Produktion von Maschinenmusik. In Platten sah D-Man nur die fixierten Versionen programmierter Tracks.

Neben seiner Bedeutung als Tummelplatz einer Hand voll House-Freaks war das Milk aber auch ein normaler Nachtclub und kein selbstverwaltetes Alternativ-Projekt. Schnell entpuppte sich die Realität der Gastro-Seite mit ihren profanen Abrechnungen und Arbeitsplänen als ungroovy. Als D-Man das Milk nach zwei Jahren verließ, um einen Plattenladen neben der elterlichen Bäckerei zu eröffnen, endete dort auch die idyllische House-Phase. Bald beherrschte Drum & Bass das Bild.

Währenddessen wurde in Ludwigshafen ein ganz anderes Fass aufgemacht. Die Universe Fancy Dancers, eine nicht nur sexuell bunt gemischte Clique um den Impresario und Zirkusdirektor Raffaele Castelli, hatte sich auf sonntägliche Tea Dances kapriziert.

Tea Dances, eine alte Tradition des schwulen San Franciscos, gelten als Orte, an denen moderne DJ-Kulturtechniken erstmals erprobt und eingesetzt wurden. Weil die Herren es dort bevorzugten, sich ab dem späten Nachmittag von einem endlos geflochtenen Band aus hypnotischen Rhythmen und hoher Passion umgarnen und gleichsam einwickeln zu lassen, erfanden ihre

DJs heute selbstverständliche Tricks wie das Beatmixen – das Angleichen zweier Platten auf die gleiche Geschwindigkeit. Heute haben Plattenspieler eine Pitch Control. Damals benutzten sie dafür noch den Daumen.

Auf den Universe-Partys traf discopolitisch gesehen Rimini auf New York auf Rhein-Main: US-House, Italo-Drama und Pfälzer Frohsinn. So gesehen ziemlich neuartig und frisch für die Gegend. Einmal stieg der Fancy Dance sogar im Düdesheimer Weinfass, unter dem GoGo-Motto »Weinkönigin«.

Zum Auflegen dorthin zu fahren glich dem Besuch bei lustigen, schrägen Verwandten, die jedes Wiedersehen besinnungslos feierten. Die Partys endeten grundsätzlich in Castellis bescheidenen Privatgemächern, in die sich die gesamte Fancy Crew, gut zwanzig Mädchen und Jungs, nach dem Club zurückzog. Im Hotel zu übernachten war praktisch verboten. »Alla, geh fott! Ihr schloft selbstverständlich in meinem Salon, odda!«

Die Dancers sollten ihre opulenten Kostüme sexy und mit Genuss vorführen können. Castelli forderte einen Sound, der vehement auftrumpfte. Die Beats wurden pumpender und discoider, die Hooks bombastischer. Das Tempo und die Intensität von House zog noch einmal kräftig an. Normale Songs mit normalem Gesang waren out, gefragt dagegen plakative, hysterische Slogans:

»Come and take a trip!«
»In ma houuuuse!«
»Mu-zik! Mu-zik! Mu-zik!«
»X-X-X-X-Trava-Gaaanzaaa!«
»All over me!«
»Let Yourself Go!«
»Bitch Motherfucker Asshole!«

Es war die Stunde der Drag Queens auf den Podesten, und den Soundtrack dazu lieferten Junior Vasquez auf Tribal America, Felix Da Housecat auf Radikal Fear, DJ Duke auf Power Music und natürlich DJ Pierre auf Strictly Rhythm. Sein Wild-Pitch-Sound war dafür die Blaupause. Der Mann war eine Legende.

2

Seit einem Umzug von Chicago nach New Jersey und dem Beginn seiner Zusammenarbeit mit Strictly Rhythm erlebte DJ Pierre einen zweiten Frühling. Unter fast monatlich neuen Pseudonymen wie Audio Clash, Disco Fuhrer, Doomsday Project oder The Don pflegte er hier sein neuestes Baby.

In New York besuchte er oft die Partys von DJ Bobby Konders, der mit einem gewagten Mix aus HipHop, Reggae, Disco und House die Leute zum Ausrasten brachte. Konders nannte diese Sessions »Wild Pitch« und spielte gelegentlich auch Platten von Pierre. Und der liebte diese Dances, sie erinnerten ihn an seine Jugend in Chicago. Und so bekam sein neues Baby einen würdigen Namen: Wild-Pitch-Mix.

Damit befand er sich in bester Gesellschaft. Man nehme nur:

Die »Shelter«-Mixe von Blaze und Kerri Chandler.

Die »Sound Factory Bar«-Mixe von Masters At Work.

Die »Warehouse«-Mixe von Armando.

Die »Factory«-Mixe von DJ Duke.

Die »Red Zone«-Mixe von David Morales.

Wie viele Produzenten verknüpfte DJ Pierre einen geliebten Ort mit dem passenden Stil.

Als Entdecker und Taufpate von Acid House, unter Decknamen wie Phuture oder Pfantasy Club war Pierre bereits mit der zweiten Welle von Housetracks bekannt geworden, die um

'86/'87 in Chicago auf kleinen Labels wie »Trax« und »DJ International« erschienen. Einer dieser Tracks hieß »Box Energy« und war dem wegweisenden DJ Ron Hardy gewidmet, der 1991 an den Folgen seines exzessiven Lebenswandels starb.

Hardys Nächte in der Music Box, seinem Club in Chicago, kultivierten einen rauen, schonungslosen Sound. Das war schon längst nicht mehr Disco. Aber es hieß auch noch nicht House. Sein Publikum war ihm bedingungslos ergeben. Das Energielevel in der ehemaligen Lagerhalle muss so hoch gewesen sein, dass manche sich nur noch am Boden wälzten, während andere mit den Füßen an der Decke tanzten.

In einem Interview, das ich für Spex in New York machte, beschrieb DJ Pierre, wie dort seine Karriere begann:

»*Für die Music Box machte ich meinen allerersten Track, ›Acid Trax‹. Ein Tape davon gab ich Ron Hardy, und als er es spielte, drehten die Leute völlig durch. In derselben Nacht brachte er es noch ein paar Mal, und jedes Mal wurde es wahnsinniger. Marshall Jefferson hat das Stück dann an das Label Trax vermittelt.*«

Auf »Acid Trax« vernahm man erstmals das charakteristische, hirnbrutzelnde Zwitschern und Schnarren der Roland-303-Bassline-Maschine. Das unverwechselbare Erkennungs-Signal von Acid House.

Dabei war das Ganze ein Zufall gewesen. Die Bass-Maschine hatte sich für ihre eigentliche Bestimmung als unbrauchbar erwiesen und wurde gerade verramscht. Beim Herumspielen damit stieß Pierre auf die kaum zu zähmenden psychedelischen Klänge, die in der kleinen silbernen Schachtel schlummerten. Dafür war das Ding zwar nicht vorgesehen, aber »*sie machte die verrücktesten Sounds und spielte von ganz alleine*«.

Mit der 303 schickte Pierre die Tänzer in der Music Box auf

einen nie gekannten Trip. Und der Roland-Drumsequencer 909 klopfte dazu House-Beats von gnadenloser Durchschlagskraft. Zwei Zutaten, mit denen er Musikgeschichte schrieb.

Dann kam er 1993 das erste Mal nach Deutschland. Sein Auftritt erinnerte ein wenig an Haile Selassies ersten Staatsbesuch in Jamaika. Der ahnungslose äthiopische Despot war dort in den 40er Jahren von einer huldigenden Horde Rastafarians als Heiliger begrüßt worden.

DJ Pierre war zwar kein Despot, aber dennoch ziemlich von den Socken über den euphorischen Empfang, der ihm in Köln bereitet wurde. Gestandene *Househeadz* der ersten Stunde hielten ihm ihre Originalkopien von »Acid Trax« wie Teenager zur Unterschrift unter die Nase. Ich war gerührt. Whirlpool hatten ihn persönlich eingeladen. Und weil uns keiner unserer bisherigen Clubs in Köln für diesen historischen Anlass auch nur ansatzweise angemessen erschien, musste es diesmal ein authentisches Warehouse sein: die alte Farina Factory in Ehrenfeld.

Dort zeigte der Meister nun, wie man Wild Pitch auflegt. Den Equalizer hatte er in ständigem Einsatz. Mal drehte er die Bässe weg und quälte den Dancefloor mit stechenden Höhen. Dann brachte er den Bass mit aller Macht zurück. Diese klassischen, dramatischen Mischpult-Manipulationen Marke Ron Hardy waren einfach »schockierend«, wie wir seit diesem Abend besonders umwerfende Housetracks zu nennen pflegten. Dabei ging Pierre ganz entspannt an die Sache heran:

»Manchmal starte ich einen Track mit einem großen Intro. Und wenn dann der Beat einsetzt, jubeln die Leute, yeah, I like that. Dann nehme ich es etwas zurück, aber mit einem alten Stück, das die Leute daran erinnert, wie sie vor vier Jahren gepartyt haben und was sie damals für eine gute Zeit hatten. Wenn ich anfange zu spielen, muss ich erst mal reinkommen und sehen, was für einen Vibe mir die Leute senden. Manchmal muss man ein bisschen was ausprobieren, bevor man weiß, was die Crowd hypt. Weißt du, ich mache meine Musik nicht für Leute, die mit den Armen fuchteln wie die Hühner. Ich mache Musik für Leute, die tanzen. Aber dazu brauche ich wirklich Zeit, ich spiele Tracks nicht für drei Minuten. Was oft passiert, ist, dass die Leute zuerst nicht richtig auf einen Song einsteigen können und sich an den Rand stellen. Aber wenn du ihn nur lang genug laufen lässt und mit dem EQ richtig arbeitest, kommen sie plötzlich rein, und nach acht Minuten ist die Tanzfläche wieder voll.«

Wild-Pitch-Tracks verströmten sich bis zu fünfzehn Minuten lang. Meist fingen sie unspektakulär mit einer einsamen Bassdrum an. Im gemächlichen Verlauf verdichteten sie sich zunehmend, türmten sich die Hihats, Samples, Basslines und Strings immer mehr auf. Der Sound öffnete sich dramatisch, analog zu Pierres Filtermanipulationen. Dadurch erzeugte er ein ungeheures, vorwärts strebendes Sehnsuchtsgefühl, und das verursachte irgendwann unkontrollierbare rhythmische Zuckungen.

Ich verglich sie mit dem Flug des Albatros, vom unbeholfenen, geradezu tollpatschigen Start bis zum majestätischen Auf-

DJ Pierre (links) und Hans Nieswandt in New York fotografiert von Steffen Jagenburg

schwingen und Kreisen in unangreifbaren Höhen. Seine Wild-Pitch-Klassiker wie »Muzik Is Life«, »Fall« oder »What Is House Muzik?« bewirkten eine Art mechanisches Einrasten im Groove. Einmal darin eingeloggt, wurde man hinfortgetragen. »*Higher*«, um es mit dem vollständigen Text von »More Than Just A Dance«, einem weiteren Wild-Pitch-Classic, zu sagen. Zwei dieser Mixe fertigte unser Idol schließlich für Whirlpool Productions an, für die Singles »From: Disco To: Disco« und »Crazy Music«.

Für mich waren Wild-Pitch-Tracks die Krone der Schöpfung. Sie wurden ein wesentlicher Teil meines DJ-Repertoires.

Für DJ Pierre war es unfassbar, fern der Heimat diesen Zuspruch zu bekommen: »*That shit was dope!* Das war genau wie in Chicago! Ich konnte meine Platten in voller Länge spielen!«

Ein paar Wochen später traf ich DJ Pierre in New York zum erwähnten Spex-Interview. Nathan Jones, so sein bürgerlicher Name, dieser bescheidene, etwas schüchterne und leicht weltfremde Charakter, schien meiner hymnischen Interpretation seines Schaffens im Gesamtkontext der Kompositionskunst des 20. Jahrhunderts nicht wirklich zu trauen. Seit seinem Gastspiel schraubte ich ebenfalls am Equalizer, und die Whirlpool-Stücke wurden auch immer länger.

Hart an der Grenze

Wir hatten im sonnendurchfluteten Speisewagen ein fürstliches Mittagessen mit Rindsrouladen und etlichen kleinen Flaschen Merlot niedergemacht, während die Loreley und später der Schwarzwald an uns vorbeizog. Dabei diskutierten wir über die Unterschiede zwischen amerikanischer und europäischer Literatur, Popkultur, Kulturelles im Allgemeinen. Abends sollten Eric und ich mal wieder in Zürich auflegen. Die Schweizer verstanden viel von Clubkultur und Lebensfreude. Für unser inzwischen gut eingespieltes DJ-Team war so eine Reise schon fast Routine.

In Basel reichte ich dem Schweizer Zöllner mit dem roten Gesicht meinen Ausweis. Eric hielt ihm seinen amerikanischen Führerschein unter die Nase. Der Grenzer wurde sofort panisch:

»Raus, raus aus deam Zuag!«

»W... was?« Ich lächelte ihn freundlich an. Mach mal halblang, Alter. Es war doch gerade so nett.

»Raus aus deam Zuag, abrr sofort! Sofort!«

»But what's the problem?« Eric begann langsam, sich für den roten Zwerg zu interessieren.

»I have no idea, man.« Wir beide blieben einfach sitzen, als würde sich der kleine Choleriker ohnehin gleich wie ein HB-Männchen in Luft auflösen. Ich fragte Eric:

»What were you talking about?«

»I was talkin' bout the suit I'm having made by this girl in iceland, from iceland snakes that are ...«

Richtig, das isländische Thermo-DJ-Dress aus Schlangenhaut. Aus dem Augenwinkel heraus sah ich, dass der Beamte jetzt auf Schwyzerdütsch in sein Funkgerät krakeelte.

»Listen, man, we should probably get out of here, seriously. I think the guy is calling for backup, and I think the Swiss people are quite serious about their borders.«

»Pfff.« Eric zuckte mit den Schultern und zog die Mundwinkel nach unten. Dann packte er seine Nagelfeile ein und erhob sich. Wir holten unsere Kisten, Tüten und Taschen aus der Gepäckablage, zogen unsere Pelzmäntel, Hüte und Sonnenbrillen an und trotteten gemächlich zum Ausgang, während der wütende Gnom uns von hinten anzuschieben versuchte wie in einem Louis-de-Funès-Film.

»Was für eine Farce«, dachte ich, als ich mich kurz darauf allein im Untersuchungsraum der Zollinspektion wieder fand. Eric hatten sie direkt zurückgeschickt. Unter strenger Bewachung musste ich den Freund aufs andere Gleis begleiten und zusehen, wie er in einen Zug zurück nach Norden stieg.

Für mich selbst dagegen war die Reise nach Zürich noch lange nicht vorbei. Zum Missfallen der Grenzer, die zumindest bis jetzt noch keine Handhabe hatten, mir die Einreise endgültig zu verweigern.

»Sie habbet nur ein einfaches Billet. Wie lange wollen sie denn in drr Schwyz blywe?«

»Nur eine Nacht, Herr Zollrat. Sehen sie hier, eine Depesche der Roten Fabrik, eine bedeutende kulturelle Institution ihrer famosen Eidgenossenschaft. Sie beweist, dass ich heute dort ein künstlerisches Engagement habe, und morgen werde ich brav die Heimreise antreten. Ich schwörs bei Rütli, es ist alles rechtens, Herr Oberzollkommissar.«

»Das beweischt gar nüt und ischt auch gar nüt rächtens«, krähte der. »Sie wisset, dass sie maximal 30 Tage in drr Schwyz blywe dürfet?«

Ich nickte und zuckte mit den Schultern.

»Sie wisset auch, dass sie per diem 100 Franken nachwyse müsset, wenn sie in drr Schwyz ryse. Mir wollet nüt, dass unsere Touristen in die Bredouille kommen.«

Ich zuckte mit den Schultern und nickte.

»Habbet sie so viel Cheld?«, fragte der bebende Beamte argwöhnisch.

Ich zuckte erneut mit den Schultern, zog mein Portemonnaie hervor und zückte meine Kreditkarte. Für einen Moment sahen sich die Beamten ratlos an. Dann erhob sich einer, der bis dahin nur im Hintergrund an seinem Schreibtisch gesessen und die Affäre ruhig beobachtet hatte, und kam zu mir herüber. Der Typ, ein drahtiger, dunkelhaariger Mittvierziger mit Schnäuzer und einer kühnen Adlernase, baute sich vor mir auf, verschränkte die Arme über der Brust, bohrte seinen Blick in meine Augen und fragte:

»Was ist in dieser Kiste?« Es war mucksmäuschenstill in dem abgeranzten Verhau. Ich verschränkte meinerseits die Arme, hielt dem Blick des Gardeoffiziers stand und sagte mit fester Stimme:

»Da sind nur meine Schallplatten drin.«

Erneutes Schweigen. Dann bohrte der Gute weiter.

»Darf ich die mal sehen?«

Ich nickte, hob den Koffer hoch und ließ ihn schwer auf die speckige Theke krachen. Der Deckel klappte zurück, ich sagte devot: »Bitte sehr.«

Die mittlerweile vier Beamten drängten sich, um einen besseren Blick in die Kiste erhaschen zu können. Schade, dass da kein Schrumpfkopf drin ist, dachte ich. Der Macho, der die Ermittlungen an sich gerissen hatte, wandte sich in kristallklarem Hochdeutsch an mich:

»Aha! Und die wollen sie jetzt bei uns im Land verkaufen gehen! Oder wie wollen sie mir *das* erklären?« Er lüpfte eine der Platten mit spitzen Fingern, als wenn es Sexspielzeuge wären, grinste triumphierend und befeuchtete sich die Lippen.

»Aber ich habe ihrem Untergebenen doch schon meine offizielle Bestätigung gezeigt, dass ich DJ bin und heute Nacht in Zürich spielen soll. Das sind *meine* Platten, das ist mein *Werkzeug*. Da wär ich schön blöd, wenn ich die verkaufen würde.«

Mein Ankläger fuhr wütend herum. Ich redete zu vernünftig mit ihm. Der Major suchte nach einer Möglichkeit, sein Gesicht zu wahren.

»Ungerer, stymmet düt? Hat das Subjekt ein derartiges Dokument vorgwyse?«

Ungerer, der uns ursprünglich ertappt hatte, wurde noch kleiner, als er sowieso schon war.

»Wir sprechen uns später, Ungerer. Was sie betrifft: Sie stellen ihre Kiste jetzt mal hier auf die Waage.«

Ich kniff die Augen zusammen, legte den Kopf schief und starrte den Grenzer fragend an. Dann zuckte ich mit den Schultern und hievte das Ding auf die Waage.

»Das wären 25 Kilo.«

»Und, kann man das der Schweiz zumuten? Oder ist das eine zu schwere Belastung?« Ich verlor die Lust an dem ganzen Quatsch. Von mir aus könnte ich jetzt weiterfahren.

»Das macht 50 Franken Pfand. Die quittieren wir ihnen. Und wenn bei der Ausreise immer noch 25 Kilo drin sind, kriegen sie ihr Geld vom Schaffner wieder.«

Jetzt war ich baff. Baff und beleidigt. Dieser Betrag war eine krasse Beleidigung meiner musikalischen Schätze. Da war mehr als eine Platte drin, die alleine das Doppelte wert war. Vom ideellen Wert ganz zu schweigen.

»Das ist nicht ihr Ernst?«

»Das ist mein voller Ernst. Und jetzt gehet sie mir aus den Augen. Gehet sie! Gehet sie!«

So setzte ich schmollend meinen Weg nach Zürich fort. Auch dort wurde es noch ein sehr amtliches Engagement.

Whirlpool Produktionen

»From disco to house, by the click of a mouse«
ERIC D. CLARK in *»From: Disco To: Disco«*

1

Ende der 80er Jahre waren elektronische Musikinstrumente wie Sampler, Sequencer, Computer und Speicherkapazitäten im Prinzip für jeden erschwinglich geworden. Man könnte auch sagen: Die Produktionsmittel hatten sich demokratisiert. Diese Entwicklung materialisierte sich im beispiellosen Aufstieg von HipHop, House, Techno und anderen Club- und DJ-Stilen. Man musste nicht mehr lärmintensive akustische Instrumente wie z. B. Schlagzeuge in teuren, schallgedämpften Studios mit tontechnisch kniffliger Mikrofonierung unter der Regie eines Zigarre schmauchenden Produzenten aufnehmen. Streichorchester und Bläsergruppen standen im Sampler auf Knopfdruck bereit, neben den gesammelten Archiven der Popgeschichte. Jeder konnte jetzt Studio-Besitzer, Produzent und Künstler in einem sein. Das war der Punkt, an dem die Analogie zwischen Disco und Punk am stärksten griff. Alle Whirlpool-Mitglieder hatten irgendwann in ihrer Jugend und unabhängig voneinander sowohl eine tief sitzende Punk-Prägung mitbekommen als auch mit Pop und Disco geflirtet.

Justus hatte, schon bevor er uns kennen gelernt hatte, mit Fred Heimermann ein elektronisches Projekt angeleiert. Sein Software-Wissen hatte er bis dahin hauptsächlich in Werbeagenturen und Stadtmagazinen zum Einsatz gebracht. Jetzt wollte er sich ganz auf die Musik konzentrieren. Während Fred sich zunehmend zurückzog, stürzten sich die beiden Whirlpool-DJs zusammen mit Justus in die Produktion.

Das Whirlpool-Studio war stets ein relativ kleines, modulares System. In den ersten Jahren wurde es in ständig wechselnden, konspirativen Wohnzimmern aufgeschlagen. Justus zog oft um, und das Studio zog mit. Als wir den Auftrag für unser erstes Album bekamen und uns neues Equipment zulegten, kam es eine Zeit lang in Marcel Odenbachs Atelier unter. Wegen der harten Stühle dort wechselte es in meine Wohnung. Hier wurde das Album dann auch fertig gestellt.

Das Studio war für uns mehr als ein Arbeitsplatz. Es war eine Mischung aus Spielzimmer, Salon und Junggesellenbude. Wir hingen dort täglich ab, wenn wir nicht irgendwo auflegten. Musikmachen war eher eine Art, intime Zeit miteinander zu verbringen, als ein Weg, Karriere zu machen. Ein Akt, der um seiner selbst willen geschah und noch nicht sehr produktorientiert war. DJ-Tracks am Bildschirm zu programmieren, bis sie richtig saßen, glich der Lösung eines faszinierenden Computerspiels, bei dem man vollkommen die Zeit vergaß, niemals müde wurde und einen nur bohrender Hunger zur Pause zwingen konnte.

Die meisten Produzenten arbeiten am liebsten alleine. Dann muss man sich mit niemand einigen. Die Computermaus, eines der Hauptinstrumente, kann nur von einer Hand bedient werden. Damit hat man alles unter Kontrolle. Das führt fast zwangsläufig zu Konflikten mit potenziellen Mitmusikern.

Wir dagegen suchten den freiwilligen Kontrollverlust und schaukelten uns zu dritt mehr und mehr hoch. Durch das Zulassen von ein bisschen Chaos entstand ein enormer Input an Ideen und Material, den man nur noch einigermaßen sortieren musste, um ihn veröffentlichen zu können.

Die erste Whirlpool-Maxi erschien fast unmittelbar nach Bekanntgabe der Gründung unserer Crew bei Logic Records in Offenbach. Den Track »Fly Hi« hatten Justus und Fred schon vorher geschrieben, zusammen stellten wir ihn dann fertig. Die Firma presste 500 Kopien auf einem fiktiven, obskuren Label namens »5th & Madison« in New York und ließ sie eingeschweißt wieder nach Deutschland importieren. Dadurch sah die Platte aus wie eine authentische Underground-Maxi aus der Lower East Side und war entsprechend begehrenswert.

Der Track lebte von einem langen Gesangs-Sample des samtstimmigen amerikanischen Jazz-Crooners Mel Tormé, das über einen fluffigen Housetrack gelegt war. Um die Rechte für den Gebrauch dieser Stimmaufnahme zu bekommen, hatte das Label alle Hebel in Bewegung gesetzt. Die Nachricht machte es bis in die Daily News. »I listened to it with my jaw unhinged. I'm flattered«, wurde Mel dort zitiert.

Trotzdem blieb »Fly Hi« ein Insider-Thema. Das Label war von seinen Künstlern wie Snap, Dr. Alban und Leila K. andere Erfolgsdimensionen und eine straffere Arbeitsmoral gewöhnt. Wir waren enigmatisch unterwegs und wollten zunächst einfach nur jammen. Für Logic war da nichts mehr Passendes dabei.

Eine DJ-Connection nach New York führte zur nächsten Platte. George Morel war nicht nur DJ und Hit-Produzent (»Wiggle It«), sondern arbeitete auch für Strictly Rhythm. Er mochte unseren seltsamen Stil – musikalisch und als Typen. Morel kaufte zwei unserer Tracks, »Let Yourself Go« und »Non-Stop Trancin 94«, für das von ihm geleitete Sub-Label Groove On Records. Das passte schon besser. Unter dem Projektnamen Working Class erreichten uns bald neue Pakete eingeschweißter Importmaxis mit unserer eigenen Musik.

Nach ein paar Remixen, u. a. für die Stockholmer Drag-Popstars Army Of Lovers und die Hamburg-Münchner Pophoffnung Milch auf Ladomat, hatten wir uns in jeder Hinsicht eingegroovt.

Charlotte Goltermann, die Chefin von Lado, schlug uns vor, eine EP für ihr Label zu machen. Nachdem wir die »Immunity Syndrome«-EP abgegeben hatten, erhöhte sie sofort auf eine LP.

Wir nannten sie »Brian De Palma«, nach dem Filmregisseur. Die Musik hatte einen unserer Freunde an die Disco-Szenen aus »Carlitos Way« erinnert. Der Kritik nach schien sich die Platte gut angehört zu haben:

»*Dies hier ist einfach fabelhafte Musik.*« KÖLNER ILLUSTRIERTE

»*Musik, die nach blühenden Krokussen und ballspielenden Kindern duftet.*« RAVELINE

»*Ein Juwel, das man sich leisten kann.*« GROOVE MAGAZINE

»*Ein Album, zu dem Brian de Palma Aah und Ooh sagen würde.*« DIE WOCHE

»*... unglaublich überzeugend und ausgebufft ... geschmackvoller, korrekter House.*« DIE TAGESZEITUNG

»*Eine dramaturgisch ausgeklügelte Autoren-House-Platte ... über diese Platte kann man genauso lange nachdenken und reden wie über einen Film des Regisseurs.*« TEMPO

»*Ein teilweise visionäres Produkt. Vereinigt Neunziger-Eklektizismus mit Siebziger Tanzkultur.*« ZITTY

»*Ein Trip into Sound.*« SPEX

Alles war bestens.

Als ich in der Zeit zwischen den ersten beiden LPs mit Andrea, Zooey und Nala eine Familie gründete und wir Platz brauchten, zog das Whirlpool-Studio in einen Keller weit draußen, direkt

Whirlpool Productions fotografiert von Bernd Bodtländer

unter der ehemaligen, berüchtigten Kölner Techno-Disco Warehouse. Whirlpool Productions waren, nach der überwältigenden Resonanz auf das erste Album, von Motor Music, einem Label der Polygram-Gruppe, unter Vertrag genommen worden. Charlotte betreute dort das Unterlabel Elcktromotor, zu dem nun auch wir gehörten, neben Künstlern wie Bambi und Andreas Dorau.

Mit dem ersten Vorschuss brachten wir unsere Technik nach vorne: ein größeres Mischpult, neue Soundmodule, frische Software und so weiter. Jetzt ging es ernsthaft zur Sache. Wir brauchten ein Studio, in dem niemand wohnte.

Der Raum unter der Disco war professionell für Studiozwecke ausgestattet und isoliert worden. Es gab sogar ein rotes Licht, wenn jemand klingelte. Nur kam uns in dieser Einöde niemand mehr besuchen. Es gab kein Kaffeehaus ums Eck, es gab nicht mal ein vernünftiges Büdchen. Das Studio wurde uns nie zur Heimat und blieb provisorisch. Trotzdem komponierten wir dort fast das ganze zweite Album.

Als wir den Gesang für den »Cold Song« in einem »richtigen« Studio fachgerecht aufbereiten wollten und dafür einen Experten suchten, kamen wir wieder mit der alten Welt der großen Studios in Berührung. Wir fühlten uns darin sofort zu Hause.

Dabei glich das Can-Studio, vor den Toren Kölns in einem langweiligen Straßendorf namens Weilerswist gelegen, gar nicht den modernen Studios mit ihren cremefarbenen Teppichböden, Fingernägel lackierenden Rezeptionistinnen und gesandstrahlten Konsolen. Bevor aus dem ehemaligen Dorfkino – es war noch von den Nazis gebaut worden – ein Studio wurde, war es der Proberaum einer der besten deutschen Bands, Can, bis zu deren Auflösung Ende der 70er. In dieser Zeit schien das Studio auch optisch hängen geblieben zu sein. Die gemütliche Atmosphäre mit den riesigen Wandteppichen und die reiche Auswahl alter Keyboards wuchsen uns schnell ans Herz. Und so wurden aus den zwei Tagen, die wir für den »Cold Song« veranschlagt hatten, zwei Wochen, und aus den zwei Wochen wurden über fünf Jahre, in denen das Can-Studio eines unserer Wohnzimmer wurde.

Wir überarbeiteten in Weilerswist das gesamte Album. Aber vor allem entdeckten wir eine ganze Menge traditioneller Instrumente für unsere Zwecke: Gitarren, Bässe, Pianos, Orgeln, Analog-Synthies, Percussion und unsere eigenen Stimmen. Als wir »Dense Music« beendet hatten, standen uns zwei weitere Studiotage zur Verfügung. Uns war klar: Wir wollten hier unbedingt noch ein komplett neues Stück erfinden.

Während Eric in Köln beim brandneuen »Funky Chicken Club« auflegte, strickten Justus und ich einen entspannten, discoiden Drumloop. Am nächsten Nachmittag improvisierte Eric dazu auf dem E-Piano, und ich begleitete ihn am Bass. Wir nahmen ein paar hübsche Motive auf, und Justus arrangierte sie sinnvoll auf dem Computer zu einem Track.

Ein kleines Chorsample mit der gedehnten Botschaft »Loooove« fügte sich nahtlos ein. Jetzt noch ein paar Stimmschnipsel und Percussion von uns für die persönliche Note, und ein nettes Bonusstück wäre geritzt.

Seit zwei Wochen lagen ein paar Flaschen Veuve Clicquot im Kühlschrank des Can-Studios. Jetzt war der Zeitpunkt, sie zu öffnen. Wir hatten ein fettes neues Album unter dem Gürtel, wie der Amerikaner sagt. Das durften wir jetzt feiern. Mit dem Champagner, den Tabakwaren und einigen Percussiongeräten zogen wir bester Laune vor das Mikrofon.

Der Backingtrack setzte ein. Wir rückten noch kichernd ein paar Stühle hin und her. Der klirrende Schamanenstab aus Bambus, den ich mir vorher gegriffen hatte, war jetzt im Weg. Ich stellte ihn beiseite. Das Geräusch davon sollten auf dem späteren Hit manche für Eiswürfel im Cocktailglas halten. Eric versuchte behutsam, den Ton zu treffen:

»… *goin' up, I can't come down, I move my body, all around* …«

Und dann, aus heiterem Himmel:

»*From disco to disco,
town across town,
everybody is tryin' to get down* …«
»*Loooooove!*«
»*Sing it, Girls!*«

In dieser Sekunde stand der Song. Minuten vergingen, in denen wir uns glücklich in die Botschaft des Tracks eingroovten und ein extrem inspirierter Eric wieder und wieder versuchte, die Zeilen hinzukriegen, ohne einen Lachanfall zu bekommen.

Als wir uns das Ergebnis anhörten, konnten wir zwar die Konsequenzen noch nicht ahnen. Aber wir wussten: Das war ein Geistesblitz. Diese Aufnahmen durften auf keinen Fall editiert und aufgeräumt werden. Wir beschlossen, die Gesangsspur als komplette Dokumentation auf dem Track zu lassen. »From: Disco To: Disco« wurde zu unserer Erkennungsmelodie.

2

Mit heutigem Wissen nicht mehr nachvollziehbarer Übermut hatte Whirlpool im Sommer 1996 dazu gebracht, ihre zweite große Deutschland-Reise, die »From: Disco To: Disco«-Tour, mit der Eisenbahn zu absolvieren.

Ich war als ständiger Kunde und Befürworter der Bahn sogar der Hauptvertreter dieses glamourösen Plans gewesen. Außerdem hatten wir die »Dizko Klub«-Tour davor in einem Kleinbus bestritten. Während der endlosen Fahrten mussten wir unsere Gliedmaßen in grotesken Verrenkungen zwischen den Streben der ebenfalls dort untergebrachten Lichtmasten verstauen, zusammen mit unseren Platten, Plattenspielern, Mixern, Computern, Keyboards, Discokugeln, Scheinwerfern, Stroboskopen, Nebelmaschine und sonstigem Schnickschnack.

Das Konzept dieser ersten Tour war eine Kommandobrücke gewesen. Ein Kontroll-Käfig, aus dem es futuristisch-discoid nebelte und blinkte und in dem wir unser Equipment bedienten. Vom Gestus glichen wir eher Steuermännern als Bühnenkünstlern. Gleichzeitig wollten wir damit unsere Produktionsmittel transparent machen. Wir schleiften praktisch unser gesamtes Studio mit.

Bei einem frühen Whirlpool-Auftritt in einem nur von Frauen besetzten Haus in Bremen hatten wir sogar ein komplettes Wohnzimmer-Studio mit Sofas, Couchtisch und Leselampen auf die Bühne gestellt. Anstatt nur das Studio-Ereignis zu reproduzieren, wollten wir House Music in Echtzeit aufführen. Das Konzert war ein voller Erfolg und dauerte über fünf Stunden. Ein kleiner Ausschnitt davon landete auch auf »Brian De Palma«.

Bei unserer ersten, noch undergroundigen Tour konnten wir uns nicht auf bundesweit ausreichende von Frauen besetzte Häuser mit großer Sperrmüll-Möbel-Requisite verlassen, sondern spielten in der Regel in ganz normalen Clubs. Wir entwickelten diesen gleichermaßen praktischen, wirkungsvollen und optisch ansprechenden Disco-Kubus, den wir jeden Abend eigenhändig auf- und wieder abbauten.

Die vielen Autobahnstunden mit ihm im Minibus waren zwar eine schöne, romantische Erinnerung, gleichwohl aber auch ein Akt, den so zu wiederholen wenig erstrebenswert schien.

Für die erste *Major*-Tour war also radikales Abspecken angesagt: gerade so viel Equipment, wie wir mit jeweils zwei Händen tragen konnten, aber effektiv genug, damit es noch als Live-Auftritt durchging. Und statt quälendem Gegurke auf deutschen Autobahnen Gentleman-Lounging im komfortablen Abteil, gepflegte Konversation im Speisewagen. Wenn Künstler reisen ...

Eine Hamburger Agentur setzte in akribischer Puzzlearbeit einen Reiseplan kreuz und quer durch die Republik zusammen. Für ein knappes Dutzend Auftritte wurden Abfahrtszeiten und Reservierungen getätigt und miteinander koordiniert. Alles zweiter Klasse, versteht sich, mit Bahncard.

Und trotzdem addierten sich die Kosten dieses Unterfangens rasch zu einem Mehrfachen dessen, was ein komfortabler Nightliner-Bus samt Fahrer und Bord-Entertainment gekostet hätte.

Und wenn schon. Es ging nicht um Gewinne, sondern um die Maximierung der Performance-Qualität durch Optimierung des Reisekomforts. Weshalb wir derlei ökonomische Details dem Transportniveau radikal nachordneten.

Wir haben diese Tour durchgezogen. Allerdings nicht nach Plan, sondern indem wir ihn praktisch konsequent gegen den Strich bürsteten. Wir haben nicht eine Reservierung in einem der planmäßigen Züge wahrgenommen. Bereits beim allerersten Einsteigevorgang war klar, dass wir uns niemals mit dem ganzen Krempel durch die zweite Klasse kämpfen würden, um dann drei Plätze in einem bereits von drei Omas mit zwei Enkeln bevölkerten Abteil zu belegen.

So blieb uns nur der Ausweg in die erste Klasse. Alles andere wäre absurd gewesen, auch wenn das hieß, die immensen Summen an nachzulösenden Übergängen jeweils mit der Gage des Vorabends zu begleichen.

Dass die Einnahmen auf diese Weise rasant dahinschmolzen, kratzte uns weniger. Übel war, dass nicht mal durch das maßlose Verpulvern der Gage ein Hauch von Orientexpress-Romantik aufkommen wollte. Stattdessen verloren wir ständig wichtige Bestandteile des Equipments. Je öfter wir uns und unsere Siebensachen auf den Bahnsteig schleppten, desto weniger wurden sie, und desto hoffnungsloser stellte sich diese Herangehensweise an eine Live-Tour dar.

Das Desaster kulminierte auf dem Ostteil der Tour. Nach einem Auftritt im Anschluss an ein Andreas-Dorau-Konzert im Potsdamer Waschhaus stand für den nächsten Tag das Leipziger Conne Island auf dem Plan, ein liebenswerter, besonderer Ort, auf den wir uns freuten.

Unsere Crew hatte sich etwas vergrößert: Es waren drei Deutsche, ein Amerikaner und ein Brasilianer, die am Potsdamer Bahnhof in den erstbesten Zug stiegen, auf dem Leipzig geschrieben stand. Der IC mit den reservierten Plätzen war schon viele Stunden vorher ohne uns abgefahren. Das, worin wir uns wiederfanden, war ein RegionalExpress, der schon nach wenigen Kilometern zum ersten von unzähligen Malen an einem verfallenen Bahnhof hielt. Wir bummelten durch Orte wie Bitterfeld, an deren reale Existenz man sonst vielleicht nie geglaubt hätte. Das Schleichen des Zuges war wie eine Psycho-Folter, dazu kamen Hunger und ein fehlendes Bistroabteil.

Aus übermüdeter Genervtheit wurde ohnmächtiger Horror, als der Zug etwa vierzig Kilometer vor Leipzig zum letzten Mal hielt und der Lautsprecher in regionaler Mundart darüber informierte, dass diese Nebenstrecke derzeit leider nur bis hierher und nicht weiter befahrbar sei. Zwei Busse stünden aber bereit, um die Reisenden weiter bis nach Leipzig zu bringen.

Bis die Sachlage phonetisch und semantisch erkannt, wortreich übersetzt und ausdiskutiert war und wir uns schließlich mitsamt dem ganzen Krempel auf den Bahnsteig gewälzt hatten, waren alle anderen Reisenden schon längst in den Bussen. Diese standen in einigen hundert Metern Entfernung an einer Straße, zu der hinüber eine sandige Piste planiert worden war. Nach tagelangem Sonnenschein war sie ausgedörrt. Nun nahm unsere Tour endgültig Züge einer bizarren Flüchtlingskarawane oder eines Tom-Waits-Videos an. In einer Staubwolke schleppten wir uns in Richtung des letzten wartenden Busses. Der erste war schon eilig abgefahren, beim Anblick der jammervollen Gestalten, die sich da mit ihrer ganzen Habe näherten.

Beim Einsteigen waren alle Augen auf uns gerichtet. Teilweise standen die Leute auf, um einen besseren Blick auf uns werfen zu können. Wir schmissen uns in die Gänge und kauerten uns missmutig auf die Treppen, jeder seinen eigenen, dumpfen Gedanken nachhängend.

Als der Bus die Außenbezirke von Leipzig erreichte, erkannten wir eine Art moderner, menschengemachter Mondlandschaft und stiegen aus. Es war der Zufahrtsgürtel der neuen Messe, die in einiger Entfernung zu sehen war.

Als wir auf dem Messegelände eintrafen, erwartete uns ein Szenario, das die Desolatheit unseres Zustandes durch seine Übertriebenheit so sehr ins Absurde führte, dass wir nahezu hysterisch gute Laune bekamen. Die große Messehalle war an diesem Nachmittag Schauplatz des »Timeless Energy«-Raves, eines Großevents mit Westbam und anderer Techno-Prominenz. Überall liefen nun die Raver in ihren traditionellen Trachten herum. Vor der Halle war ein Bier- und Würstchenstand, an dem wir sofort andockten, Kontakt mit dem Conne Island aufnahmen und verwirrt darauf warteten, von »Timeless Energy« abgeholt zu werden.

Im Conne Island spielten wir an diesem Abend vor 800 Leuten. Schnell war die Fahrt vergessen, und als bei »From: Disco To: Disco« die Bühne gestürmt wurde, gab uns das Leipziger Publikum einen Vorgeschmack auf das, was uns später in Italien erwarten sollte. Es war der einzige Ort auf dieser Tour, an dem so etwas passierte.

Der »Cold Song« hatte inzwischen eine beachtliche Position vor allem in den Radio-Charts erreicht: Platz 40. In den Top 100 kam er auf einen passablen 88. Platz. Zwar wurde die zweite Single »From: Disco To: Disco« von der Plattenfirma nur mit mäßigem Potenzial bewertet, auf den Wild-Pitch-Remix unseres Lieblingsproduzenten DJ Pierre waren wir aber sehr stolz. Wir hatten nach unserem Ermessen als Underground-Act schon mehr erreicht, als die Firma jemals hätte erwarten können.

Weil wir am Ende dieser Eisenbahnreise durch die Republik mental so erledigt waren, dass wir am liebsten das Handtuch geschmissen hätten, mietete die Firma ihrem taumelnden Hoffnungsträger für die folgende Popkomm eine Stretchlimo, mit der wir von Auftritt zu Auftritt kutschiert wurden.

Wir verbrachten fast eine ganze, nicht enden wollende Nacht in diesem Vehikel, vorzugsweise mit Park- und Wendemanövern. Es regnete in Strömen. Jede Bewegung der Limo war extrem kompliziert und heikel. Draußen vor der Viva-Comet-Verleihung legten wir eine halbe Stunde lang alles lahm. Unser Auftritt drinnen war schon längst abgesagt.

Außerdem gab es keinen Platz für die Plattenkoffer. Dort, wo bei Autos normalerweise der Kofferraum ist, hatte dieses einen ... *Whirlpool*. Also quetschten wir uns samt Plattenkisten in den Fond.

Dort war es keineswegs so großzügig und komfortabel, wie sich das alle vorgestellt hatten. Unsere Freunde und Freundinnen auf den zuerst heiß begehrten Gästeplätzen fingen bald an zu maulen. Am Ende half auch nicht der billige Fusel, der in den beleuchteten Seitenfächern gebunkert war. Neben sehr schlechtem Whiskey fanden wir auch noch ein gebrauchtes Kondom. Wir waren weit davon entfernt, Popstars sein.

Bis Anfang 1997 etwas Unerwartetes passierte: »From: Disco To: Disco« begann wie von selbst in den italienischen Single-Charts nach oben zu steigen und machte keine Anstalten, damit aufzuhören. Und dann war Whirlpool plötzlich der Nummer-1-Hit unten in Italien.

3

Im April ist der Frühling in Italien schon wesentlich weiter als in Köln. Lau und sonnig umsäuselt dieser erste Eindruck drei lange, dünne Männer mit Sonnenbrillen, als sie von der Gangway der Lufthansa-Maschine den Boden des Mailänder Flughafens betreten. Das müssen die Typen aus Deutschland sein.

Die Zollformalitäten werden in weltläufiger Manier souverän gemeistert: »Hi. My name is Eric D. Clark. I'm a popstar in your country.« Ich verstehe: Auf diese Tour wird man sofort zügig durchgewunken. Die Pressefrau des italienischen Labels nimmt uns in Empfang und setzt uns in einen MiniVan, der uns in der folgenden Woche zu unabsehbaren Erlebnissen transportieren wird.

Das Gepäck auf dieser Reise besteht aus je zwei Teilen: Erics elegantem, aufwendigem Anzugsack zum Ausklappen, Justus' uraltem Schweizer Armeerucksack und meiner modernen Travelbag. Als Handgepäck benutze ich wie meistens eine DJ-Tasche,

Eric ein Beautycase, Justus eine Duty-Free-Plastiktüte. Eric führt zusätzlich noch zwei kleine Plattentaschen mit sich, denn manchmal kann es vorkommen, dass man plötzlich auflegen muss. So hatte auch alles angefangen, Ende '91, als Eric mit seinen zwei kleinen Plattentaschen im Rose Club vorbeigekommen war.

Aus dem MiniVan kann man im Vorbeifahren die öde norditalienische Tiefebene betrachten. Eine Menge Hartweizen wird hier angebaut für all die Exportnudeln. Das letzte Mal bin ich diese Strecke fünf Jahre früher gefahren, auf dem Weg nach Rimini, um für Spex eine Reportage über Italo House zu recherchieren. Jetzt fahren wir nach Bologna zu einem Fernsehstudio, wo am Nachmittag eine anscheinend ziemlich populäre Show stattfinden wird, in der Italiens neueste Helden aus der Hitparade, nämlich wir, als Stargäste zwei Lieder singen und ein kleines Interview geben werden.

Von Aufregung oder Nervosität im Van keine Spur. Müde Krieger hängen träge in den Seilen und wünschen Latte macchiato an der nächsten Raststätte. Im Radio läuft auf allen Kanälen unentwegt unser Lied. Es scheint was an der Sache dran zu sein. Mit einem kleinen, eleganten Seufzen kommt der MiniVan bald in einer Parkbucht zum Stehen.

Christina, die Produktmanagerin von der Mailänder Plattenfirma, wirkt sympathisch und zeichnet für uns mehr oder weniger ahnungslos Überrumpelte kurz den kometenhaften Aufstieg unseres Songs nach: Ende '96 wird »From: Disco To: Disco« von der italienischen Polydor, die das Stück von Motor Music lizensiert haben, an die kleine Disco-Promotionfirma Zak Music durchgereicht. Zak Music hatten bei einer Listening Session spontan erklärt: Diese Scheibe wird nicht nur ein Hit, sie geht den ganzen Weg bis Nummer 1.

Anfang '97 ruft mich Charlotte zum ersten Mal an, um mir mitzuteilen, dass »From: Disco To: Disco« Nummer 61 oder so in Italien sei. In den nächsten Wochen steigt das Disco-Lied in zügigen Sprüngen schnell nach oben. Bei 27 muss ich das erste Mal breit grinsen. Bei Platz 8 ist dann plötzlich alles drin. Beim entscheidenden Anruf, mit dem Charlotte das Erreichen des ersten Platzes meldet – vor »Discothèque« von U2! –, bin ich dann doch irgendwie platt.

»Aha? Und jetzt? Ich meine, hat das jetzt irgendwelche *Konsequenzen*?«

»Nächste Woche fliegt ihr für eine Woche runter, gebt ein paar Interviews, macht ein paar Fernsehauftritte.«

Charlotte kennt die Italiener bereits und findet alles herrlich.

»Ihr macht das schon.«

Im Grunde gehört sie mitgeschleift. Schließlich hatte sie uns seinerzeit zu ihrem Label Ladomat geholt und lauter Flöhe ins Ohr gesetzt. Auf Ladomat wurden wir zu einem richtigen Album-Act. Nach der ersten LP ging sie mit uns zu Motor Music oder war besser gesagt schon da, und wir machten »Dense Music«, wegen der wir ja letzten Endes nun auch in Italien sind.

Und wie! Jetzt in unserer ersten italienischen Fernsehshow, Spaß und Musik für Kids am Nachmittag. Der Moderator sieht aus wie ein Sportreporter und erklärt seinem pubertierenden Publikum in rasendem Italienisch irgendwelches jeckes Zeugs über Tünnes un Schäl, um uns dann ein paar knappe Fragen zu stellen:

»*How you like being inne disse show? How you like being inne Italia?*«

Dann unser Hit, live posing zum Vollplayback, eine echte Premiere. Wir hatten das selbstredend nie geübt, und bei diesem improvisierten Etwas ist das ja auch praktisch ein Ding der Unmöglichkeit.

Während das Playback läuft, versuchen wir verzweifelt, das eigene Plappern und Kichern nicht nur im Timing zu treffen, sondern auch schauspielerisch irgendwie glaubhaft darzustellen. Das kann man nun wirklich völlig vergessen. Doch zu den Freuden des so genannten *Halb*playbacks etwas später.

Zunächst dürfen wir noch unseren »Cold Song« aufführen, der mit seiner klaren Struktur und strengem Arrangement pantomimisch weitaus weniger Mühe macht, aber als Follow-Up-Gag zu unserem Spaß-Hit von den jungen Leuten wenngleich höflich, so doch verständnislos beklatscht wird.

Das gibt uns zu denken. Bald dämmert uns, dass hier eine humorige Truppe aus dem Land der Teutonen erwartet wird. Und so bleibt zum Beispiel diese klassische Interviewfrage unvergesslich:

»Eric, wie kommt es, dass ausgerechnet du als Deutscher so viel Humor hast?«

Im MiniVan, auf dem Weg zurück nach Mailand: volle Affirmation, trotz allem. Ihr wart super, das war *ganz, ganz* gut so. Toll, toll, toll.

Das Hotel in Mailand hat drei Sterne. Ich fasse es nicht. Man ist ja kein Snob, aber wie man hierzulande als Popstar untergebracht wird ...

Aus Hamburg hat man uns eine deutsche Auslands-A&R-Genossin mitgeschickt, die u. a. unser vollzähliges und pünktliches Erscheinen zu den zahlreichen Terminen gewährleisten soll. Man hat sie bereits gewarnt: Whirlpool sind enorm anstrengend, kompliziert, zickig, anspruchsvoll, Langschläfer, intellektuelle Diven, Nachtschwärmer etc. und dabei alle total verschieden.

Eine regelrechte Herausforderung für die Willenskraft einer jeden ambitionierten Frau, sich von *den* Herren *nicht* auf der Nase rumtanzen zu lassen.

Ich dagegen konnte relativ laidback sein: Weckaktionen durchzuführen oder sonstige gruppendynamisch ungünstige Funktionen hatte ich mir vertraglich eigens per Klausel verbieten. Dafür ist man ja schließlich bei einem Major-Label, damit das delegiert wird.

Ein kleiner Lunch im Stehen in einem dieser typisch italienischen Eckcafés, zwischen lauter Herren in Anzügen und gestreiften Hemden, die keine Ahnung zu haben scheinen, dass hier neben ihnen jene drei Typen stehen und *Focaccia* kauen, auf die zur Stunde die geballte Aufmerksamkeit praktisch des ganzen Landes gerichtet ist.

Auf der anderen Straßenseite, ein paar Schritte runter, weiß man besser Bescheid. Dort warten, vor den Toren von Radio Hot, doch tatsächlich ein paar Teenager mit dicken Brillengläsern und Autogrammbüchern. Schwungvoll werden einige platte italienische Brocken hingeworfen, »Va bene? Mi piace!«, und abstrakt unterschrieben. Aber dann heißt es auch schon »Ciao« und hinauf zum Sender.

Dort, in den Räumen der wichtigsten nationalen Dance-Station, hat soeben die Show des beliebtesten Radio-DJs, Albertino, begonnen. Die Stimmung ist extrem aufgedreht. Disco-Boys und -Girls flitzen hin und her, aus allen Rohren kommen Faxe, E-Mails und Anrufe, Champagnerkorken knallen, und wir sind jetzt die Schiedsrichter im aktuellen Gesangswettbewerb: Wer singt am besten »From: Disco To: Disco« live übers Telefon? Albertino findet uns einmalig und lädt uns für Freitag als Ehrengäste zu seiner Clubnacht irgendwo weit draußen in einer Riesenedeldisco ein.

Wir lassen uns nur noch treiben. Alles ist immer schon arrangiert. Nach dem Frühstück geht es erst mal zum Label für ein paar Interviews. In der Mittagspause fahren wir statt Kantinen-Lunch bei der Plattenfirma ins Mailänder Boutiquenviertel. Ich kaufe mir u. a. einen orange karierten Popstaranzug von Romeo Gigli. Eric wird überall erkannt. Stylishe italienische Jugendliche wechseln auf unsere Straßenseite, um ihm Fünf zu geben. Das swingt. Nach der Pause geht es zurück zu weiteren Interviews.

Die Funktion der seriösen Musikpresse wird in Italien von den Tageszeitungen übernommen. Ein Journalist vom Corriere della Sera, der eine Glosse über den deutschen Noveltyact schreiben will, ist sehr überrascht über die Hintergründe unseres Schaffens. Von wegen Punk, Disco, DJs, Can Studio und so weiter.

Andererseits hat es etwas ungemein Erfrischendes, zur Abwechslung ausschließlich oberflächliche Geschmacksfragen gestellt zu bekommen. In Deutschland führen wir praktisch grundsätzlich nur tief schürfende Gespräche mit ernsten jungen Leuten, die uns mit ihren Theorien über Whirlpool konfrontieren, über die wir uns dann lang und breit echauffieren können. Die Hauptanklage: Was ihr macht, das hat doch alles in Wahrheit ein riesiges, kompliziertes und geheimes KONZEPT! Es gibt wohl nur wenige Bands, die sich derart darüber aufregen können, dass man ihnen unterstellt, zu wissen, was sie tun.

Wenn wir so was mal auf die Reihe kriegten … In Italien würde man das nie von uns verlangen. Da werden wir einfach auf ein leicht identifizierbares Motiv reduziert: die drei Besoffskis in einem Disco-Delirium. Das mag zwar die wahre Persönlichkeit dieser hoch differenzierten Künstler nicht mal ansatzweise repräsentieren. Dafür weist es der Gruppe und den Individuen darin klare Rollen zu, in die man umstandslos rein- und rausschlüpfen kann, ohne jedes Mal gleich sein gesamtes Herzblut verpfänden zu müssen.

Nach unserem ersten TV-Auftritt kurz nach der Landung und einigen kleinen Fernsehinterviews in schäbigen Hinterhofbuden, mit meist nur irgendwelchen Deko-Würfeln als Kulisse und einem belanglosen Popper-VJ als Host, eilen wir am Wochenende einem echten Höhepunkt entgegen: »Jammin« ist die wichtigste Disco-Show des Landes.

»Jammin« wird von drei populären Glamour Girls moderiert, die im Logo der Sendung als 3-Engel-für-Charlie-Schattenriss posieren. Eine von ihnen hat die angeblich längsten Haare Italiens. Die Show wird in einer großen Disco am frühen Abend live aufgezeichnet und später gesendet. So ähnlich wie Harald Schmidt.

Der Plan sieht so aus: Am Anfang fahren wir gemeinsam mit den Moderatorinnen in einer weißen Stretchlimo vor dem Club vor. Während wir aussteigen und durch das jubelnde Spalier der Menschen auf dem roten Teppich in den Club geleitet werden, läuft schon das Intro unseres Songs, über das die Stargäste angesagt werden. Im Club angekommen, eilen Justus und ich dann durch einen geheimen Seitengang auf die Bühne zu unseren bereitgestellten Staffage-Instrumenten, Eric wird von zwei GoGo-Tänzerinnen in weißen Bikinis direkt auf die Tanzfläche geführt und singt – und diesmal live. Gegen Ende tänzeln Justus und ich graziös über den Laufsteg zur Tanzfläche, und dann bestreiten alle drei gemeinsam das Finale. Ein grandioser Plan.

Die Zeit bis zu unserem Auftritt und den Hunger schlagen wir mit dem Backstage-Dosenbier tot. An Abendessen kann ich momentan nicht denken. Mir ist ein bisschen schlecht bei dem ganzen Unsinn. Vom Balkon im Club kann ich zusehen, wie der

Anheizer das handverlesene Publikum in der Art des Jubelns unterweist.

Dann geht's los. Zu sechst im Fond der Stretchlimo wird um die Ecke zurückgesetzt. Von irgendwoher muss man ja vorgefahren kommen. Die Karre hält, von außen wird die Tür geöffnet, und nach den Mädchen und Justus steige ich hinaus ins gleißende Scheinwerferlicht, ein paar Augenblicke später Eric. Die Menge applaudiert und schreit. Von weither höre ich den Anfang unseres Lieds durch den plötzlich aufziehenden Nebel um mich herum, jetzt! – sich hier hinlegen und einfach narkoleptisch wegdämmern. Aber da hakt sich schon diese heiße italienische Discomoderatorin bei mir unter – ihr offenes Hemd ist über dem Bauchnabel verknotet –, damit wir jetzt zusammen in den Club hüpfen können. Vor uns ist die mit den blauen Haaren, bei Justus im Arm, der heute Abend passend blaue Augenbrauen trägt. Statt zu hüpfen, bremsen wir das Tempo eher in Richtung gemessenen Schreitens. Aber auch das verhindert nicht das Unvermeidliche, und so schalte ich den Verstand gnädig auf Autopilot. Das ist in solchen Fällen das Beste.

Auf der Bühne angekommen, bietet sich uns, anders als bei der Stellprobe, das Bild einer Masse entfesselter *bellos* und *bellissimas*, die mit dem Rücken zu uns, auf dem Laufsteg, den wir gleich überqueren müssen, bereits mit Begeisterung unser Lied mitsingen.

Wenn man in so einer Situation zum Playback mimt, darf man nicht vergessen, bei der Sache zu bleiben. Was mache ich hier eigentlich? Herrgott, da sind Kameras! War es nicht Donald Duck, der gesagt hatte: »Ich bin immer wieder fassungslos, wie das Leben so spielt!«?

Ähnliches muss gerade in Eric vorgehen. Besonderen Wert hatten wir diesmal auf Live-Gesang gelegt. Also kriegte Eric zwar das Mikrofon, aber keinen Monitor, so dass die Performance etwas ungemein Punkig-Entfesseltes bekommt. Gut so! Die Live-Version ist fast genauso einzigartig wie das Original. Eric improvisiert einen freien Text in einer freien Tonart.

Wir lassen die blöden Pseudoinstrumente jetzt stehen und bahnen uns den Weg nach vorne. »Äh ... sorry ... ähm ... scusi, pardon ... äh ... excuse me ...« Wo kommen denn DIE zwei Spinner plötzlich her, und wo wollen die überhaupt hin? Natürlich zu unserem Kumpel Eric, der da vorne gerade mit seinem Jackett ringt, das ihm vorher in der Maske vorsichtshalber auf den Leib getackert wurde. Dann springen wir in Van-Halen-mäßigem Spagat vom Laufsteg auf die Tanzfläche, wo Eric echt erfreut über ein paar vertraute Gesichter zu sein scheint. Wir umarmen uns alle und pogoen so bis zum Ende des Lieds. Die Menge ist außer sich, wir schütteln Hände, Schultern werden geklopft, Köpfe gewuschelt, Abgang. Schnell in die Garderobe, schnell ein Bier. Das haben wir aber jetzt nicht wirklich gerade gemacht da draußen, oder?

Später, in der Hotellobby: gemeinsames Begutachten des Endprodukts. Das glaubt uns keiner. Das ist einfach nicht wahr. Aber auch: Das haben wir doch irgendwie total sensationell hingekriegt.

Justus will sich jetzt zurückziehen, aber Eric und ich brechen mit Elena vom Label zu Albertinos Edeldisco auf. Als wir nach einer knappen Stunde Nachtfahrt durch die italienische Pampa auf den hell erleuchteten Parkplatz einer Art Nobel-Hacienda einbiegen, wacht Eric auf der Rückbank auf, reibt sich die Augen und murmelt:

»Oh, it's a Mafia place!«

Die Bouncer in Armani-Anzügen und Knöpfen im Ohr winken uns durch, und da kommt uns auch schon Albertino mit offenen Armen entgegen. Wir werden zu einer speziellen Sitzecke geleitet, die mit einer roten Kordel für normale Besucher abgesperrt ist. Wir sitzen drin, die anderen gucken uns von außen an. Was für VIPs sollen *das* denn bitte sein? Weil ich mich hier als Promi unbehaglich fühle, beschließe ich, für die nächsten paar Stunden investigativer Journalist in der unauffälligen Tarnung eines Popstars zu sein.

Ein paar Menschen werden uns zugeführt, unter anderem ein blondes Mädchen, aus dem simplen Grund, weil ihre Mutter Deutsche ist. Trotzdem fragt sie mich auf Englisch:

»Ah, Whirlpool Productions. Is it true you are drunk all the time?«

Wieder bin ich baff. In meiner Rechten klirrt ein Caipirinha.

Bevor ich etwas entgegnen kann, werden wir in einen anderen VIP-Bereich verschoben, diesmal hinter die Showbühne, auf der sich gerade zwei kurz geschorene GoGo-Akrobatinnen mit der Statur von Nachwuchsringerinnen des TuS Schifferstadt herumwuchten. Arglos lasse ich mich nieder. Ich verspüre auf einmal das dringende Bedürfnis für ein Gespräch über politisch korrekten Alternative Rock der späten 80er mit meiner Plattenfirmenfrau. Eric plaudert daneben mit Albertino. Plötzlich stößt er mich an:

»Äh, Hans, oh shit, look. Albertino just told me that we absolutely have to perform our song tonight and I don't think...«

In diesem Augenblick ertönt auch schon das wohlbekannte Intro, Eric kriegt das Mikro in die Hand gedrückt, jetzt gibt es kein Zurück mehr. Zumindest für ihn. Ich bleibe wie gelähmt sitzen. Paralysiert, lobotomisiert. Justus hat es als Einziger richtig gemacht und ist im Hotel geblieben! Der tapfere Eric hält den Leuten das Mikro vor die Nase, erfindet zwischendurch neue Textzeilen: »... *I can't believe I'm doing this here right now!*« Er schmeißt das Ding mit den eisernen Nerven eines Profis.

Mit dieser Zirkusnummer könnte man in den Urlaubsdiscos während der Saison wahrscheinlich eine Stange Geld verdienen, aber jeder der uns bereits offerierten Pläne dieser Art zerfällt in dieser Sekunde zu Staub.

Als das Lied zu Ende ist, schnaubt Eric:

»I wanna play records. Now!«

Wenig überzeugt geleitet ihn Albertino in die Box. Ein paar Minuten später ist der DJ-Wechsel unüberhörbar. Der zwar seichte, aber doch fette Mainstream-Housesound ist einem zwar deepen, aber doch flach scheppernden Undergroundtrack gewichen. Der Dancefloor steht. Ich wittere Schiebung. Wahrscheinlich hat der Resident DJ die Tieftöner abgeschaltet. Irgendsowas. Als Eric anfängt, klingt der Sound plötzlich Scheiße.

Schon bei der Hälfte der ersten Platte wird gewechselt. Der Klang ist sofort wie zuvor edel-brillant. Erleichtert fangen alle wieder an zu tanzen. Eric aber tobt jetzt in gerechtem Zorn. Tobend geleiten wir ihn aus der Disco, tobend steigt er ins Auto, er tobt und wütet den ganzen Weg zurück nach Mailand. Recht hat er. Ich fühle mich miserabel. Hab ich ihn im Stich gelassen? Andererseits: Was hätte ich tun können? Tanzen und in die Hände klatschen? Dafür habe ich keine Ausbildung!

Ein paar Wochen später fliegen wir zu unserem letzten großen Auftritt nach Italien. Schauplatz ist diesmal das mittelalterliche Städtchen Mantua. Das italienische Fernsehen veranstaltet in den warmen Monaten gerne Open-Air-Popshows, und auf dem historischen Marktplatz haben sich heute an die 20 000 eingefunden, um neben Jovanotti die spaßigen drei Discodeutschen zu bewundern. In unserem treuen MiniVan erreichen wir am Nachmittag den historischen Stadtkern. Der ist bereits polizeilich abgeriegelt und reich bevölkert. Als wir am Spalier vorbei Richtung Backstage gehen wollen, entdecken uns ein paar Kinder. Eine Gruppe Acht- bis Zehnjähriger flitzt den Carabinieri zwischen den Beinen hindurch und umringt uns aufgeregt für Autogramme.

Kurz vor unserem Auftritt treffen wir Jovanotti. Er schüttelt uns die Hand und sagt, dass er uns klasse findet. Wir freuen uns:

»Und du bist auch klasse!«

Dann treten wir hinaus auf die gigantische Bühne, ins bunte Showlicht. Eric fällt in ein paar verwegene Dance-Moves, und das sprichwörtliche Menschenmeer kreischt verzückt. Das macht mich irgendwie total wehmütig, erst die Kinder, jetzt das. Wir nutzen den ganzen Bühnenraum und tollen planlos herum, immer in Gefahr, von einem der Kamerakranausleger mitgenommen zu werden, die wie riesige Flügel über die Bühne streichen. Im Fernsehen sieht das später unheimlich dynamisch aus. Glücklich winkend verlassen wir am Ende die Bühne und geben noch mehr Interviews und Autogramme.

Als wir den Parkplatz verlassen, beobachten ein paar Fans, dass Eric gerade sein Markenzeichen, die goldene Paillettenhose von Moschino, ausgezogen hat. Er winkt ihnen damit aus dem abfahrenden MiniVan zu. Ein paar Dutzend johlende Teenies laufen schließlich Erics goldener Hose hinterher.

Die letzte Begegnung mit den Helden haben ihre italienischen Fans eine halbe Stunde später, wieder in einer Autobahnraststätte, wo die drei Wahlkölner einige Sixpacks zu erstehen gedenken. Sie ist voller Open-Air-Besucher, die gerade auf dem Rückweg sind. Wir müssen alles vollschreiben, vor allem Servietten, und am Ende winken uns alle nach, während wir Dosen knacken und die nächtliche Autobahn im Regen versinkt.

Ich sehnte mich nach einem Wohnzimmer. Vielleicht sollten wir für eine Weile den Ball flach halten, einfach nur Musik machen, in kleinen, korrekten Clubs Deep House und Disco auflegen und uns mehr um die Partner und Familien kümmern.

4

Stattdessen wurde vernehmlich die nächste vertragsgemäße LP von Motor angefordert. Unser Italien-Hit war inzwischen auch in den Benelux-Ländern in die TopTen gegangen. Er war jetzt auch in deutschen Clubs angesagt, in denen wir nicht auflegten. Selbst das Vereinigte Königreich und der Ferne Osten zeigten Interesse. Nach Plattenfirmenlogik musste jetzt dringend darauf aufgebaut werden.

Es bedurfte einigen Zuredens, Kopfzerbrechens und Schulterklopfens, bis wir uns dazu durchringen konnten, wieder eine Platte zumindest gedanklich in Angriff zu nehmen. Weil wir bisher alle unsere Alben mehr oder weniger im fiesen Kölner Winter produziert hatten und außerdem Distanz brauchten, fiel die Wahl des Aufnahmeortes auf Jamaika.

René Tinner, der Besitzer des Can-Studios, hatte eine fabelhafte Verbindung nach Port Antonio: Er kannte ein kleines Holiday Resort auf einem Berg in der Bucht dieser kleinen Hafenstadt. Dieses wurde von einem ausgestiegenen Deutschlehrer und Langstrecken-Segler betrieben, der hier sein privates Idyll verwirklicht hatte.

Weit weg von den amerikanischen Touristenhochburgen und außerhalb der Saison hatten wir das »Jamaican Heights« vier Wochen zu einem günstigen Kurs für uns allein. Hätten wir an Studiomiete sowieso ausgegeben, überschlugen wir grob.

Wir schrieben dort fast das komplette dritte Album mit nichts als einer Korg-Workstation, einer Gitarre, einem Laptop und einem kleinen DJ-Sampler.

Weil der Besitzer des »Jamaican Heights« für einige Wochen in Miami weilte, durften wir auf seinen Salon als Standort für unser karibisches Wohnzimmerstudio zurückgreifen.

Ein feuchtwarmer Wind wehte durch die weit geöffneten Flügeltüren der Terrassen, während wir träge in Hängematten baumelten, hier ein paar Saiten anschlugen, da ein paar Tasten drückten, zur Entspannung rauchten und versuchten, in diesem Ausnahmezustand den passenden Ansatz zu finden.

Normalerweise fährt man für Musikaufnahmen nach Jamaika, weil man eine besonders große Affinität zu Reggae hat und mit einheimischen Musikern und Sängern ein Mehr an Authentizität erzielen will. Zwar lieben wir alle Reggae, von übertriebener Emphase und dem Wunsch, lokale Einflüsse aufzunehmen oder gar mit Reggae-Musikern zu arbeiten, konnte aber keine Rede sein. Nur das nicht. Wir schotteten uns gnadenlos ab.

Kurz vor unserer italienischen Woche war Eric schon mal zum Vorchecken nach Jamaika geflogen. Eine Zeit lang stand dort sogar der Erwerb einer eigenen Immobilie zur Debatte: Whirlpool kauft in Kingston ein Häuschen. Als wir schließlich mit kleinem Equipment und großer Familie aufbrachen, war diese Idee längst ad acta gelegt.

Eric hatte bereits nach seinem ersten Erkundungstrip genug von den einheimischen Hinterwäldlern und mied nun das Dorf unten in der Bucht, in das wir regelmäßig zum Einkaufen und Kaffeetrinken hinunterfuhren. Provinzler sind Provinzler, egal ob in Jamaika oder Oberschwaben. Und während dort einst unterbelichtete Metzgerbuben Hetzjagd auf langhaarige Jesustypen gemacht hatten, lachte sich hier eine unbedarfte Dorfjugend über die flamboyanten Discotypen schlapp. Mir ging die alte Single meiner Eltern durch den Kopf: »*Wir bauen die Straße nach Kingston Town und verloren dabei manchen Mann.*«

Wir igelten uns ein, spielten Domino, formten ein paar Tracks und warteten auf die Mahlzeiten. Wir hatten unseren Freund Troy mitgebracht, einen in Jamaika geborenen, als Jugendlicher nach New York verzogenen und inzwischen in Berlin lebenden Dichter, Koch und Modedesigner, um nur ein paar seiner Talente zu nennen. Er schneiderte später die weißen Overalls für unser »Crazy Music«-Video, die gefloppte Singleauskopplung.

Troy kochte dort oben unser Essen. Wahrscheinlich werde ich nie wieder in meinem Leben so lange am Stück so gut ernährt werden. Im Grunde wartete ich die meiste Zeit einfach nur darauf, dass das Essen fertig wurde. Es gab vorzugsweise jamaikanische Hausmannskost: Ragouts aus Flußkrebsen oder Ochsenschwanz. Gegrillter Thunfisch. Dumplings, Cornbread und Callalou.

Der große Peter Paul Zahl, Autor von »Die Glücklichen«, Ex-Politgefangener, Exildeutscher und seit vielen Jahren ein Nachbar und Freund des »Jamaican Heights«, hat neben einer wunderbaren Krimiserie ein sagenhaftes karibisches Kochbuch geschrieben. Darin findet man u. a. ein Rezept zur Zubereitung eines ganzen Wildschweins für den Tag, »an dem der US-Präsident auf dem Times Square aufgehängt wird«. Das kommt der Verpflegung ziemlich nahe, die wir dort genießen durften.

Eines Abends standen der Vater, der Knabe, der Koch und ein Freund in der Küche, als ein knochiger, alter Fischersmann hereinkam. Er war mit einem Korb voller lebender Hummer auf den Berg gestiegen. Der Koch setzte sofort den riesigen Kessel auf. Als das Wasser fast kochte, hob der Freund des Vaters den Knaben hoch und tat, als wolle er ihn in den Kessel stecken. Der Knabe schrie wie am Spieß, da ließ der Freund ihn wieder runter.

Der alte Fischer aber hob ernst den Zeigefinger und sagte auf Englisch:

»*Never frighten a little boy.*«

Der Vater fragte:

»*What?*«

»*You can explain the danger, but you should never frighten him.*«

Der Vater sah ihn nachdenklich an und sagte:

»*You seem to have a lot of experience with kids.*«

»*Oh.*« *Der weise Alte grinste listig.* »*They gave me ten.*«

Damit ließ er offen, ob er die Frauen oder die Götter meinte. Lachend fügte er hinzu:

»*But my cousin, he is chinese. And he has 13 all over the world, even in Germany.*«

Und damit wanderten die Hummer in den Topf.

Die verschiedenen Gebäude des »Jamaican Heights« waren verstreut in einem paradiesischen Garten mit riesigen Schmetterlingen, Kolibris, Limonenbäumen und Bananenstauden. Das im Plantagenbesitzer-Stil gehaltene Haus des Eigentümers stand unten an der Pforte. Auf dem Weg bergauf kam man am Swimmingpool vorbei, mit zwei weiteren Apartments darunter. Dort übernachteten in diesen Wochen Freunde, die uns manchmal besuchten. Etwas abseits gelegen gab es ein Cottage auf Stelzen, in dem Justus residierte. Ganz oben, auf der Kuppe des Bergs, stand ein einstöckiger Bungalow. Dort wohnten Eric, Troy, Andrea, die beiden Kinder und ich. Unterhalb davon war das Restaurant- und Küchenhaus mit Ausblick auf die Bucht. Dort lag Navy Island, das einst Errol Flynn gehört hatte.

Das Gelände war durch Zäune und Tore in mehrere Bezirke unterteilt. Jeder wurde von einem großen Hund bewacht. Man musste darauf achten, dass die Hunde nicht aus Versehen durch ein offen stehendes Tor den Bezirk wechseln konnten. Manche von ihnen hassten sich.

In der zweiten Nacht hängte sich einer der Wachhunde ganz ohne fremdes Zutun auf. Er war an seiner Kette einmal zu oft über den Zaun und wieder zurück gesprungen.

Dann fand Justus in seiner Badewanne eine tote Ratte. Seltsames ereignete sich. Es war so heiß, dass man die meiste Zeit reglos wie eine Eidechse im Schatten döste.

Manchmal machten wir Badeausflüge zur Frenchman's Cove. Noch außer Sichtweite vom Strand öffnete sich ein barockes schmiedeeisernes Gitter. Hinter diesem Gitter war alles nur noch ein einziges livriertes »Yes Sir, no, Sir, of course, Sir«. Kellner in Uniform servierten Fruit Punch und Jerk Chicken.

Heute denke ich: Man hätte hier einfach nur Urlaub machen sollen und dann zu Hause die Platte aufnehmen, unter realen Bedingungen. Oder erst die Platte machen, dann sich hier davon erholen.

Whirlpool Productions fotografiert von Felix Brüggemann

Es war nicht unbedingt eine Reise ins Herz der Finsternis, aber der Jamaika-Trip glich doch eher einem im leichten Fieberwahn durchlebten Hemingway-Szenario als Club-Holidays im Happy-Reggae-Land. So privilegiert Aussicht, Unterkunft und Verpflegung waren, so verstörend war das Sozialgefüge unseres Luxusgefängnisses. Wir waren alle froh, als wir wieder weg waren.

Das Ergebnis war unsere schwierige dritte LP »???«. Der Titel konnte durchaus programmatisch verstanden werden: Wir waren zu dritt, es war unsere dritte Platte, und wir konnten es auch nicht erklären.

5

Instinktiv und unausgesprochen hatten wir uns der humorigen Disco-to-Disco-Idee als Erfolgsrezept verweigert. Die Single »Crazy Music« war ein sperriges Stück Punkrock für die Fans der Disco-Hymne. Und folglich mussten wir wieder auf Tour, um die Verkäufe anzukurbeln.

Zug stand nicht mehr zur Debatte. Wir wollten auch keine Hotelzimmer. Unsere Shows gingen mit anschließendem Auflegen immer bis mindestens vier Uhr morgens. Diese ewigen Eincheck-Auscheck-Arien, ohne dass man jemals wirklich ausschlafen kann, wollten wir uns sparen. Diesmal durften wir wirklich nichts falsch machen. Wir forderten einen amtlichen Nightliner mit allen Schikanen.

In den Wochen vor dieser WPP-Tour war ich bei gut einer Hand voll Dates als Warmup-DJ mit Herbert Grönemeyer unterwegs und wurde mehr oder weniger regelmäßig ausgebuht. Grönemeyer hatte die progressiveren musikalischen Entwicklungen der letzten Jahre verfolgt und deshalb für sein letztes Album den englischen Produzenten Adrian Sherwood gebucht, seit den frühen 80ern eine Autorität in Sachen Dub und Elektronik. Jetzt wollte Gröni sein Publikum mit TripHop vertraut machen. Vor der Show stand ich jeweils eine Dreiviertelstunde allein vor dem Vorhang an der Bühnenrampe, vor etwa zehntausend Menschen, die »Herbert, Herbert!« riefen und mit Gummibärchen nach mir warfen.

Was allerdings den Standard des Tour-Komforts betraf, befand ich mich hier eindeutig in der Champions League. Das galt insbesondere für den Nightliner, in der die Band, der Masseur und der DJ von Grandhotel zu Grandhotel kutschiert wurden. So stellte ich mir unser Vehikel für die Whirlpool-Tour auch vor.

Was wir stattdessen bekamen, war ein Bus, den in den letzten zwanzig Jahren alle existierenden Speed-, Thrash-, Black-, Death- und sonstigen Metalbands dieses Planeten schon mindestens einmal in ihrer Karriere durchgefurzt hatten.

Der Fahrer sah aus wie Lemmy von Motörhead. Nach seiner Auskunft hätte noch nie jemand etwas zu beanstanden gehabt. Alle Rocker seien immer hochzufrieden gewesen mit seinem Bus.

Immerhin gab es Bord-Entertainment. Leider lief das Videosystem nur dann, wenn der Bus stand und externe Elektrizität angeschlossen war – also die Zeiten, in denen wir auf der Bühne standen.

Wenigstens traten wir inzwischen fast wie eine richtige Rockband auf: Eric war der Frontmann, sang und spielte Keyboards. Justus kümmerte sich hauptsächlich um die Drums und Loops, wenn auch praktisch nur mit Daumen und Zeigefinger. Am Bass war der junge Jake Bullit, ein talentierter, extrem angenehmer *Bloke* aus Birmingham, der seit geraumer Zeit als Assistent im Can-Studio arbeitete. Ich selbst war jetzt der Gitarrist von Whirlpool, wie früher am Bodensee in den Punkbands.

Den letzten Auftritt in dieser Formation, einen der besten Whirlpool-Auftritte überhaupt, absolvierten wir als Gäste der Fiesta in Bilbao. Die ganze Tour davor war im Grunde eine einzige Probe für diese letzte, epische Show.

Es war Montagnacht gegen eins, als wir die in strengem Schwarz gehaltene Bühne eines mächtigen natürlichen Amphitheaters erklommen. Das Festival war gratis, 8000 Menschen waren gekommen.

Fast alle anderen Bands, die in dieser Woche auf dieser Bühne spielten, waren spanische oder baskische Metal- oder Rockbands. Das Publikum bestand zum großen Teil aus ebenfalls schwarz gekleideten Autonomen, Punks, Technos, Crusties, ein Querschnitt der großen rebellischen Subkultur in dieser Stadt. Die meisten hatte blaue Halstücher umgebunden.

Es klickte sofort zwischen uns und dem Publikum. Wir spielten über vier Stunden, wechselten dabei manchmal die Instrumente, wussten über weite Strecken nicht wirklich, was wir taten, und trotzdem oder deswegen war es gut. Ich mochte immer die Idee, unsere House Music live so intuitiv und traumwandlerisch mäandernd wie Grateful Dead aufzuführen. In dieser Nacht kamen wir dieser Idee so nahe wie selten.

Irgendwann merkte ich, dass ich schon seit fünf Minuten allein auf der Bühne stand und Solo-Bass spielte. Nicht, dass ich mir das technisch hätte erlauben können. Ich rupfte nur einen primitiven Groove. Dann kam Eric zurück auf die Bühne. Er hatte bereits zum vierten Mal das Outfit gewechselt und trug nun einen muskulösen Oberkörper aus Schaumstoff. Ein befreundeter Kostümbildner hatte ihn eigens für Eric angefertigt. Darüber trug er ganz leger ein offenes Jeanshemd und um den jetzt ganz kurzen Hals ein Goldkettchen. Dazu ein kurzer Afro, dünne Koteletten und eine verspiegelte Sonnenbrille. *Work!*

Jake und Justus kehrten nun ebenfalls zu ihren Instrumenten zurück. Die Gitarre setzte ein, der Beat kam wieder, Eric griff in die Tasten, und dann ging ein letztes Mal »From: Disco To: Disco« live über die Bühne, während die Menge vor uns in einem einzigen wogenden Moshpit zu zerfließen schien.

Wie man es so macht

Ereignisse zwischen 33 und 45

»*Wir machen die Hits wie am Fließband, wir ziehen von Disco zu Disco wie Hans Nieswandt.*« MASSIVE TÖNE, »*Unterschied*«

1

Das Set soll um zwei losgehen. Die Leute von Radio Fritz haben ihr Love-Parade-Lager im Café Schönbrunn in Friedrichshain aufgeschlagen, und seit Freitagnachmittag wechseln sich die DJs stündlich ab. Direkt vor mir legt Metro knüppelharten Drum & Bass auf.

Dann bin ich dran. Für einen Moment sollte ich die Musik ganz verklingen lassen und überlege, eine obskure Interviewpassage aus Phonos famosem Disco-Album hinzucuen. Der DJ der Hamburger HipHop-Gruppe Deichkind rhabarbert da vier Minuten lang ohne Punkt und Komma. Sinngemäß sagt er zwar nur: Hier, das *kannst* du dir anhören, und wenn du es gut findest, dann ist es eben ... *gut*. Darum kreist er aber die ganze Zeit in diesem angenehmen norddeutschen Tonfall, den ich immer schon gut fand.

Ich habe noch einen Moment Zeit, da Metros letzte Platte – die Originalversion von »Raving I'm Raving« von Shut Up And Dance – wenn schon, dann in voller Länge genossen werden sollte. So viel Respekt muss sein. Im DJ-Zelt ist eine irre Hitze. Das Mischpult glüht schon fast, ich habe keine Ahnung, warum, man kann es fast gar nicht anfassen.

Jetzt ist es so weit, Phono soll quasseln. Doch was zur Hölle ist das? Die Platte wirft Blasen wie eine Pizza. Ein Scheinwerfer hat das Vinyl so hochgekocht, dass es gleich zerfließt. Ich bin fassungslos. Das ganze Intro ist zerstört. Die nächste Stunde spiele ich wie paralysiert.

Unmittelbar nach meinem Set will mich der Moderator live interviewen.

»Deine erste Platte ist, haha, sozusagen zerschmolzen! Wie war das für dich? War das, als wenn dir bei der Tour de France direkt am Start der Reifen platzt?«

»Das war wohl schon etwas schlimmer! Ich war total fassungslos. Ich bin eigentlich immer noch fassungslos. Das war soo schlimm in diesem Moment! Ich meine, es war die erste Platte in meinem *Set*! Davon hängt doch alles andere ab.«

»Wir haben sogar ein Foto davon gemacht, für unsere Website!«

»Das find ich richtiggehend ne heiße Idee.«

2

Die letzten Meter bis zur Box sind die schwersten. Oft muss man kurz vor dem Ziel mit dem Gepäck bäuchlings durch einen schmalen Gang kriechen, eine Hühnerleiter hochklettern und danach noch über ein paar sinistre Gestalten steigen, die im Vorraum Quartier bezogen haben.

Der Resident DJ zieht dich schließlich in die Kanzel und lächelt bedauernd. Leider gibt es nur Platz für eine Plattenkiste, dass für deine nur der Boden bleibt. Dadurch ist es jetzt so eng, dass sich der Gast-DJ seinerseits auf die Kiste stellen muss. Von dort aus hat er allerdings einen erstklassigen Blick auf die Tanzfläche. Dann beendet der Resident sein Set, er räumt die Kanzel, und du richtest dich ein.

Wenn in der DJ-Box nicht genug Platz für Plattenkisten ist, spricht das definitiv gegen den Club: Es ist ein Zeichen, dass hier normalerweise CDs gespielt werden. Jeder Club, der etwas auf sich hält, sorgt für ausreichende Abstellflächen in komfortabler

Höhe sowie zusätzlichen Stauraum, in den der DJ die Jacken und Taschen seiner Freunde stopfen kann.

Etwas anders liegt der Fall, wenn das Pult auf einem Bühnenelement – einem so genannten Schnakenberger – steht, das der Veranstalter aus optischen Gründen nicht mit Bänken, Tischen oder dergleichen verunstalten wollte. Dann steht die Kiste einfach auf dem Boden neben den Füßen. Jedes Mal, wenn eine neue Platte ausgewählt und die alte zurückgestellt wird, heißt es in die Hocke gehen. Nach dem Aufstehen bleibt der Kreislauf noch eine Weile am Boden, während du dich der Ohnmacht nahe an den Plattenspieler krallst. Und die mit sich selbst beschäftigte Tanzfläche ahnt nichts von deinem Elend.

Was das Soundsystem betrifft, geht der DJ von Welt stets davon aus, dass alles in bestem Zustand und einsatzbereit vor Ort auf ihn wartet. Wahrscheinlich wird er seine eigenen Kopfhörer bevorzugen. Wenn er Snob oder abergläubisch ist, auch noch seine eigenen Slipmats. Wenn er ein penibler Turntablist ist, wird er sogar noch die Systeme und Nadeln mitbringen und auf das eigene Mischpult bestehen. Keinesfalls aber wird er seine privaten Plattenspieler oder gar Monitorboxen anschleppen.

Und dann fragt er erst sich, dann den Gastgeber:

»Warum sind hier keine Monitore angeschlossen?«

3

Monitorboxen sind eminent wichtig. Sie sind alleine für den DJ da. Nicht aus einem elitären, sondern rein praktisch-physikalischen Grund. Denn je größer der Raum, desto länger reist der Schall von seiner Quelle, den Boxen, zurück zum Ohr des DJs. Diese Verzögerung in der Klangwahrnehmung ist an sich schon fatal. Nun steht der DJ, wie es oft genug vorkommt, hinter den

Boxen. Dann hört er nur den reflektierten Sound von der mitunter weit entfernten gegenüberliegenden Wand. Neben all den unkontrollierbaren Reflexionen von all den anderen Wänden. Der Sound kann für alle auf der Tanzfläche perfekt sein, der DJ hört ohne eigene Boxen nur eine wüste Kakophonie.

Deshalb: Monitore. Je lauter, desto besser.

Und schön klingen sollten sie. Schließlich verbringt man eine lange Zeit in ihrer unmittelbaren Nähe. Einfach nur sinnlose Lautstärke vermittelt lediglich das Gefühl, stundenlang verprügelt zu werden.

Und stabil sollten sie sein. Monitorboxen neigen dazu, überstrapaziert zu werden.

Wer sich mal ohne Monitore in der Verantwortung für einen großen, vollen Floor wieder gefunden hat, weiß, wie verlassen man sich fühlt. Die Musik scheint von sehr weit weg herüberzuwehen. Du siehst Leute, die sich in großer Distanz zu einem diffusen Klangbrei bewegen. Du versuchst, dich als Bestandteil dieser Veranstaltung zu empfinden. Das, was deine Hände tun, mit dem, was da vorne läuft, zusammenzudenken. Es will dir nicht gelingen. Du kannst es nicht fühlen.

Und du kannst nicht präzise arbeiten. Ein letzter Grund und der alleine ist schon unwiderlegbar, ist der hohe Anspruch an das DJ-Handwerk heutzutage. Was dem Goldschmied die Lupe, ist dem DJ sein Monitor. Je direkter er am Sound ist, je differenzierter sich das Klangbild darstellt, desto tighter und kreativer kann gemixt werden.

Ohne Monitore geht es nicht. Aber einen Club mit einem richtig tollen Monitorsystem zu finden ist ungefähr so selten wie ein Hotel mit einer richtig tollen Dusche.

Ich habe mir während des Schreibens ein paar meiner alten Mixtapes angehört: Sie waren ziemlich unerträglich. Zwar hatte ich den fundamentalen Unterschied begriffen zwischen der Art, HipHop aufzulegen im Gegensatz zu House. Aber ich konnte oder wollte die beiden wohl noch nicht so richtig trennen.

Im HipHop, so sagt man, wird der Plattenspieler zum Instrument. Es wird reichlich gecuttet, gescratcht, mit zwei Kopien derselben Platte jugggelt – Techniken, die manche sogar auf Techno übertragen können. Vor allem Jeff Mills hat das vorgemacht, mit rasanten Backspins, blitzschnellen Cuts, das verbrauchte Vinyl im 30-Sekunden-Rhythmus hinter sich werfend. Im Extremfall klopfte er einfach mit dem Zeigefinger auf die stillstehende Platte. Bei aufgesetzter Nadel klang das wie die beste Bassdrum. Seine aktive Präsenz war jede Sekunde spürbar.

Bei House dagegen geht es eher um lange, smoothe Übergänge, das Blenden. Die Tanzenden sollen sich in der Musik verlieren und müssen nicht ständig auf die Anwesenheit des DJ-Egos aufmerksam gemacht werden. Der DJ glänzt durch mannschaftsdienliches Spiel, die Musik entwickelt sich wie von Zauberhand.

Doch selbst wenn man das Blenden rhythmisch perfekt beherrscht, ist der Mix am Ende deshalb noch lange nicht harmonisch.

Leidvoll wurde mir das beim Anhören dieser alten Tapes bewusst. Kaum hatte ein Track angefangen, kam auch schon der nächste. Die Gospeldiva von der ersten Platte vertrug sich weder tonal noch emotional mit dem Männerchor aus Neuguinea von der zweiten. Das schien mich nicht anzufechten. Minutenlang lief alles durcheinander. Dann begann ich, die Diva zu scratchen. Grausam.

Manche Tracks brauchen ihre Zeit. Das Mixen darf nicht ungeduldig wirken, als wenn der DJ es gar nicht erwarten kann, die nächste Platte zu spielen, bloß weil er sie heute neu gekauft hat oder er sonst nur rumsteht. Dieser Eindruck entsteht leicht, wenn schon vor dem ersten Refrain eines Vokaltracks gemixt wird, vielleicht sogar mitten in die Strophe oder den Refrain hinein, mit zusätzlichem Gesang und vollem Orchester, in einer ganz anderen Tonart – das kann schmerzhaft werden, selbst wenn die Platten völlig synchron sein sollten.

Was auch erst mal der Fall sein muss.

Es ist weniger schlimm, wenn ein Mix umstandslos abgebrochen wird. Nach ein paar Takten hat der Dancefloor den Fehler schon vergessen. Über endlose quälende Takte zu versuchen, zwei Platten zu synchronisieren, gehört dagegen nicht in die Öffentlichkeit, sondern in den Kopfhörer.

4

Wenn der ordnungsgemäße Zustand der Monitore, des Mischpults, der Laufwerke und aller anderen lebenserhaltenden Systeme festgestellt worden ist und sich bis zu diesem Punkt weder Panik noch Ernüchterung eingestellt haben, könnte es sich eventuell lohnen, einen Blick in die weitere Umgebung der Kanzel zu riskieren. Die Kenntnis des nächsten Klos und seiner logistischen Verhältnisse kann im Lauf einer Nacht von Vorteil sein. Im günstigsten, aber seltenen Fall gibt es irgendwo im Off-Sektor hinter der DJ-Box oder der nächsten Theke einen nichtöffentlichen Sanitärbereich mit Dusche, Bidet, Whirlpool und Maniküre. Weitaus öfter kommt es vor, dass die Toilette

a) einen Stock tiefer ist

b) proppenvoll und

c) unisex.

Also eher eine Art Aufenthaltsraum, ein gesellschaftliches Parkett, auf dem es irgendwie ordinär wäre, Hektik zu verbreiten und angeblich dringend mal zu müssen. Es gilt als asozial, eine

Kabine allein zu beanspruchen. Sehen und gesehen werden, ein Plausch, Geschäftsgespräche im Separée – es herrscht ein emsiges Treiben auf den Toiletten deutscher Tanzdielen.

Eine Alternative zum WC als Basar sind Batterien von Dixie-Klos draußen im Matsch. Gerne auf ostdeutschen Ruinen-Raves in nasskalten Novembernächten. Während man in einem noch feuchtwarmen, langsam klamm werdenden T-Shirt vor den stinkenden Kabinen in einer der Schlangen wartet, betet man, rechtzeitig wieder zurück an den Tellern zu sein.

Die Routen zu diesen geschäftigen Orten sind gespickt mit Hindernissen: Ferne Bekannte, die im dichten Gedrängel ihr aktuelles Projekt besprechen wollen. Das betörende Lächeln einer Clubberin, Chill-Out-Räume und Ambient-Areas, in die man sich verirren kann, während sich die laufende Platte seelenruhig ihrem unvermeidlichen Ende entgegendreht. Der Grad der Verzweiflung hängt nur davon ab, ob man gerade auf dem Hin- oder Rückweg ist.

Nachdem man herausgefunden hat, wo die Toilette ist, sondiert man die Lage der Bar. Du kannst dich nicht darauf verlassen, automatisch bedient zu werden. Gut möglich, dass die mitfühlenden Gastgeber dich nicht verdursten lassen, Bestellungen entgegennehmen und diese auch abliefern. Oder sie versorgen dich vor Arbeitsantritt mit Drinktickets. Manchmal befindet sich die DJ-Box in der Nähe der Theke, und man bekommt eine persönliche Thekenkraft zugewiesen. Es kann sogar vorkommen, dass der DJ selbst mit hinter dem Tresen steht. In diesem Fall sollte er auf ein freundliches Verhältnis zum Personal achten, sonst muss er durstig bleiben.

Es kann aber auch passieren, dass der DJ, kaum läuft die erste Platte, schon vergessen ist. Die Tanzfläche brennt, der Laden ist groß und voll, du kennst hier keinen Menschen, aber du musst etwas trinken. Eine lange Platte muss her, vielleicht »Tonite« von den Basement Boys. Du marschierst zielstrebig los und spürst auf halbem Weg zur Theke, dieser Track wird nicht goutiert. Umdrehen oder weiter durch die Menge rudern? Wasser, du brauchst Wasser. Um den Tresen warten die Gäste in vier Reihen. Nervös versuchst du dich nach vorne zu arbeiten, tippst jemandem vor dir auf die Schulter und versteigst dich zu einer peinlichen Bemerkung:

»Entschuldigung, ich lege gerade auf.«

»Was machst du?«

»Ich bin der DJ! Die Platte, die jetzt gerade läuft, habe ich aufgelegt!«

Der Vordermann lauscht kurz konzentriert und meint dann:

»Die finde ich nicht so besonders.«

Hilfe!

»Ich muss total dringend an die Theke!«

»Dann sag das doch gleich.«

Nachdem der unfassbar betriebsame, glatzköpfige, tätowierte Kellner mit den falschen Wimpern und dem Tanktop deine Bestellung entgegengenommen hat, wirbelt er die Flasche kurz herum, lässt das Gift deiner Wahl aus einem Meter Abstand ins Glas schießen – oder schlimmer, er benutzt ein Mess-Hütchen –, knallt es vor dich hin und sagt:

»13 Mark!«

»Äh – ich bin der DJ.«

»Weiß ich nicht. 13 Mark!«

»Ich hab kein Geld. Ich bin der DJ! Ich bezahle nicht!«

Kalt wird das Glas vor deiner Nase weggeschnappt, und das Gespräch ist beendet. Gleichzeitig haben sich auch die Basement Boys aufgehängt: »Tonite … Tonite … Tonite … Tonite.« Bevor man »Moment mal, Alter!« sagen kann, hat sich der Ober schon dem nächsten Kunden zugewandt. Natürlich der Typ, dem man eben erklärt hat, der DJ zu sein, und der einen deswegen vorgelassen hat.

Doch nehmen wir an, die Umstände sind – wie so oft – günstig. Wir waren auf der Toilette, wir haben einen Drink, und die Kiste steht an ihrem Platz. Dann ist es langsam Zeit für das *Set*.

5

Was für den Pfarrer der Gottesdienst und den Chirurgen die Operation, ist für den DJ das *Set*. Anders als ein Nagelpflege-Set ist es keine Sammlung technischer Werkzeuge. *Das* wäre das Setup und muss prinzipiell aus nicht mehr als zwei Plattenspielern und einem Mischpult bestehen.

Das DJ-Set an sich ist aber nichts anderes als das Programm: die Lieder, die ausgewählt und aufgelegt werden, die Reihenfolge, in der sie gespielt werden, und die Technik, mit der der DJ sie verknüpft. Das alles zusammengenommen ist das Set. Eine Philosophie, eine Politik, ein Glaube. In der Konversation wird das Wort meist wie folgt verwendet:

»Wie lang war denn dein Set?«

»Ich hatte vielleicht ein beschissenes Set.«

»Mitten in meinem Set kam ein Typ und meinte: geiles Set!«

»Ich spiel das jetzt nicht mehr in meinem Set.«

Zu einem guten Set gehört Intuition, das heißt die Fähigkeit, sich vorzustellen, was die Leute wohl als Nächstes gerne hören würden, wozu sie als Nächstes gerne tanzen möchten. Ob noch eine bis mehrere Schippen draufgelegt werden können? Ob der Druck zu hoch ist und ein bisschen gesenkt werden sollte? Ob eine rein perkussive, vielleicht sogar brasileske Phase angebracht wäre oder doch eher ein eventuell sogar bittersüßer Vocal-House-

Track? Oder wäre es Zeit, abstrakt zu werden, mit getweakten, minimalistischen, nahezu technoiden, aber dennoch funkigen Grooves? Guten DJs wird nachgesagt, die Tanzfläche *lesen* zu können.

Natürlich ist es wichtig, ein Gespür zu haben für die ungefähre Beschaffenheit und Ansprüche einer wildfremden, mitunter immensen Menge im Halbdunkeln und Stroboskop-Zucken tanzender Menschen. Aber die Sensibilität hierfür hat ihre Grenzen, und so orientiert man sich am besten immer auch an der eigenen Befindlichkeit: Wozu würde *ich* jetzt gern als Nächstes tanzen?

Das ist keine bahnbrechende Erkenntnis. Es kann aber vorkommen, dass man sich durcheinander bringen lässt. Von lokalen Schlaumeiern in der Box, von aggressiven Hörerwünschen, vor allem von verunsicherten Clubbesitzern oder Agenturverantwortlichen. Dann hört man unter Umständen auf, der eigenen Intuition zu vertrauen. Man verhält sich wie ein Arzt, der sich dazu belatschern lässt, ein Rezept zu verschreiben, von dessen Wirksamkeit er gar nicht wirklich überzeugt ist.

Die meisten guten DJs hören zuerst auf ihre innere Stimme. Das heißt aber nicht, dass damit alles gut wird. Im Gegenteil: Gerade in den schwierigeren und vielleicht auch undankbareren

Hans Nieswandt Akute Top Ten
1. **DAFT PUNK** Homework (LP)
2. **PAUL JOHNSON** Feel the Music (LP)
3. **NORTY COTTO** United Funk Pilots EP
4. **OCTAVE ONE** Images from above EP
5. **BLAZE** Trans-Jazz EP
6. **AIR** Casanova 70
7. **BITCH CREEK** Future Sex
8. **THE REPUBLIC** Let's do it
9. **LOVE INC.** Life's a gas
0. **THOMAS BANGALTER** Trax on da rocks

1. **SALSOUL ORCHESTRA** Runaway
2. **33 1/3 QUEEN** Searchin'
3. **ECSTASY, PASSION & PAIN** Touch & Go
4. **CLOUD ONE** Atmosphere Strut
5. **EARTH PEOPLE** Dance
6. **CLASS ACTION** Weekend
7. On and on (Bootleg)
8. **BASIL HARDHAUS** Hard for the DJ
9. **INNER LIFE** Moments of my life
0. **QQ** Disco Nights

Hans Nieswandt Alltime Favourites

Flyer Depot Tübingen 1996, Rückseite

Situationen einer Nacht zeigt sich egozentrisches Auflegen von seiner Furcht erregendsten Seite:

Obwohl noch keiner da ist, donnert Tribal House auf 128 Bpm mit schreienden Diva-Vocals durchs Auditorium.

Obwohl alle gerne noch weiter hart abfahren wollen, ist dem DJ nach einer vertrackten NuJazz-Runde zumute.

Obwohl gerade alle auf NuJazz grooven, fühlt der DJ eine Notwendigkeit für Old-School-Chicago-House mit Porno-Samples.

Obwohl nur noch drei Betrunkene auf der Tanzfläche zugange sind, von denen sich zwei gegenseitig notdürftig stützen, obwohl es keine Drinks mehr gibt und obwohl das Thekenpersonal schon dreimal gewischt hat, schickt der DJ immer noch aus seiner einsamen, isolierten Frustration betäubende Acid-Salven hinaus.

In einem vollen Laden ein hoch motiviertes und gut informiertes Publikum zu *lesen* und zu bedienen ist leicht. In einem leeren, halbleeren oder sich leerenden Laden gut zu spielen, ohne die eigene schlechte Laune damit zu kommunizieren, erfordert schon eine gewisse Selbstdisziplin.

6

»Störe meine Kreise nicht!«　　　　　　　　　　　ARCHIMEDES

DJs bei der Arbeit haben ständig etwas zu tun: Sie durchwühlen ihre Platten. Sie lauschen konzentriert in den Kopfhörer und klemmen dabei ihre Zunge in den Mundwinkel. Sie drehen Platten so scheinbar sinn- wie endlos immer wieder vor und zurück. Vor und zurück. Vor. Und zurück. Seit es in Mode gekommen ist, exzessiv den Equalizer zu benutzen, stehen DJs überhaupt nicht mehr still. Kreative Arbeit? Künstlerische Notwendigkeit? Gewiss, gewiss. Aber diese Betriebsamkeit hat noch einen anderen Grund:

DJs wünschen in Ruhe gelassen zu werden.

Wenn die Leute sehen, dass der DJ gerade tatenlos herumsteht, stürzen sie sich sofort auf ihn. Manche warten geduldig eine Viertelstunde neben dem Pult auf eine Betriebsamkeitslücke, um dann mit ihrem Anliegen vorzupreschen. Fast immer geht es dabei um *Hörerwünsche*.

Ich kenne keinen DJ, der sie für nötig hält oder sich gar darüber freut. Unterschiede gibt es höchstens in der Freundlichkeit, mit der damit umgegangen wird. Im Hörerwunsch trifft der Respekt, den man als DJ vom Publikum erwartet, auf den Respekt, den der DJ vor dem Publikum haben sollte. Denn Hörerwünsche implizieren fast automatisch eine Kritik, einen Verbesserungsvorschlag an der Musik. Dagegen sind DJs allergisch. Wünsche stellen fast automatisch seine Kompetenz in Frage, angemessen auf die Situation zu reagieren. Dieser Art von Selbstzweifel wird man bei einem DJ höchst selten begegnen. Der Musikwunsch an sich kollidiert mit dem Anspruch des DJs, den Dancefloor wunschlos glücklich zu machen. Der Dancefloor ist dem DJ ein ungezogenes Kind: Er soll hören und folgen. Punkt. Jeder Verbesserungsvorschlag in Form eines Musikwunschs wird als Auflehnung empfunden, es sei denn, der Wunsch ist korrekt. Und das hängt in erster Linie davon ab, ob der DJ die Platte dabeihat oder sie zumindest besitzt. Trifft beides nicht zu, ist der Wunsch unkorrekt.

Es gibt verschiedene Phänotypen des Musikwünschenden. Mindestens einer von ihnen meldet sich in jeder Nacht.

Da wäre zunächst der Typus des banalen Ignoranten. Er ignoriert einfach den Fakt, dass der DJ ein gewisses Programm verfolgt und ein Rahmen existiert, und wünscht sich einfach, was ihm privat gefällt, sagen wir: Die Toten Hosen oder Jimi Hendrix. Sehr oft fordert dieser Mensch es generalistisch »härter«, »schneller« oder »Techno«. Oder er wünscht sich »weiß auch nicht, ganz andere Musik« oder »normale Hits«. Er nimmt überhaupt nicht wahr, dass da eine vielleicht volle, geschäftige oder sogar hysterische Tanzfläche ist und alle außer ihm mit der Musik sehr zufrieden sind. Diese Jungs und Mädchen sind zum Glück häufig recht nett und genügsam und trollen sich oft schon nach einem freundlichen »Nö«.

Unangenehmer sind die Kandidaten, die sich bereits mehrere Alternativen zurechtgelegt haben oder an Ort und Stelle anfangen, darüber nachzudenken. Für den Fall, dass man die erste Wahl nicht hat:

»Kannst du mal ›Lalala-lalalala-laaa‹ von Kylie Minogue spielen?«

»Meinst du ›Can't Get You Out Of My Head‹?«

»Jaja, genau.«

»Hab ich doch schon gespielt.«

»Ist doch egal.«

»Na hör mal, nichts ist egal.«

Stirnrunzeln. Grübeln. Der DJ klemmt sich schnell den Kopfhörer zwischen Schulter und Ohr.

»Dann Armand Van Helden.«

»Ja welches denn?«

»You Don't Know Me.«

»Das ist doch alt.«

»Na und?«

»Ich hab das seit zwei Jahren nicht mehr dabei.«

»Echt? Was bist du denn für ein DJ?«

Kritisches Kopfschütteln. Tiefes Grübeln.

»Hast du denn dann wenigstens ›Lady‹ von Modjo?«

Worum es in Wirklichkeit geht: mit irgendwas durchzukommen. Gestaltungsmöglichkeit. Einflussnahme. Manche Menschen haben keine gute Ausgehnacht, wenn sie nicht mindestens ein Lied pro Disco selbst bestimmt haben. Vielleicht ist das eine Form von Selbstvergewisserung. Dadurch fühlen sie sich ins Nachtleben integriert. Das halten diese Leute im Eintrittspreis mit inbegriffen.

Eine konsequente Steigerung dieses Verhaltens bedeutet der Wunsch, »mal die Kiste durchzusehen«. Manche fragen auch gar nicht erst, sondern fangen schon mal damit an, während man ihnen den Rücken zudreht. Ertappt man sie dabei, werden sogleich schlüpfrige Vorschläge gemacht und zur Krönung das Angebot, selbst ein paar Scheiben aufzulegen:

»Ich bin nämlich auch DJ.« Aber »meine Kiste« gehört eindeutig zu meinem Intimbereich. Sie »mal durchsehen« zu dürfen ist eine äußerst unsittliche Bitte.

Als Nächstes wäre da der klassische Besserwisser und Geschmackshuber. Er wünscht nur feinste Spezialitäten und will entweder wissen, ob du sie vorweisen kannst, oder sich im Gefühl aalen, dass das unmöglich ist: der illegale Bootleg von Madonna. Obskure 2-Step-White-Label aus Stoke-On-Trent, die man dort privat geschenkt bekommen kann. Oder einen nie erschienenen Neil-Young-Remix, den Roger Sanchez neulich in New York als Dub Plate gespielt hat. Diese Kandidaten wünschen sich im Grunde keine Musik, sondern Respekt. Man soll denken: Wow, was ist das denn für eine coole Person, die sich solche abgedrehten Platten wünscht? Respekt! Davon hab ja noch nicht mal ich was gehört!

Es versteht sich, dass es sich dabei fast immer um Jungs handelt.

Dann gibt es jene, die sich die Platte wünschen, die gerade läuft:

»Spielst du mal ›From: Disco To: Disco‹?«
»Aber das mache ich doch gerade.«
»Oh. Echt? *Stiiimmt.* Naja.«
Moment, vielleicht ist das gar kein Wunsch. Vielleicht geht es um etwas ganz *anderes.* Wünsche können auch ein Vorwand sein, um mit dem DJ privat ins Gespräch zu kommen oder ihn anzubaggern.
»Kann ich mir trotzdem noch was anderes wünschen?«
»Du kannst es ja probieren.«
»Na gut: Ich wünsche mir ein Kind von dir.«
Ob das ein charmanter Scherz oder gefährlicher Ernst ist, kann der DJ jetzt unmöglich beurteilen und blockt. Er muss plötzlich dringend Bässe killen. Als er sie irgendwann wieder zurückbringt, ist die irritierende Erscheinung verschwunden.

Entsetzlich die enttäuschten Augen, wenn man mitteilen muss, Stevie Wonders »Happy Birthday« leider nicht dabeizuhaben.

Verständnislose Blicke, dass man dem Geburtstagskind auch nicht mit »My Way« von Frank Sinatra oder »Somewhere Over The Rainbow« von Marusha eine Freude machen kann.
»Du hast ja gar nichts.«

7

Hörerwünsche sind aber nur eine der Kategorien, in denen verbale Kommunikation des DJs mit den Clubbern stattfindet. In der DJ-Box geht es manchmal zu wie in einem Taubenschlag.

Weil der DJ so ernst und alleine in seiner Box steht, wirkt er auf manche Menschen einsam und zerstreuungsbedürftig. Etwas Gesellschaft, ein kleines Gespräch oder ein Flirt würde ihn vielleicht auf andere Gedanken bringen.

Die Gelegenheit ist günstig, um ihm von einem Projekt, einem prominenten DJ-Freund und dessen Haus in Acapulco, eigenen DJ-Aktivitäten oder der unglücklichen Kindheit zu erzählen.

Nicht selten ist jemand ganz einfach orientierungslos, aber durstig:

»Ich möchte bitte ein Bier.«

»Das geht leider nicht. Hier ist nicht die Theke. Die Theke ist da drüben.«

»Ach ja? Hast du dann wenigstens eine Zigarette? Und Feuer bitte.«

Manche stehen fünf Minuten nur da und versuchen, das sich drehende Label der gerade laufenden Platte zu lesen.

Andere haben einen dramatischen Auftritt:

»Du musst mir sofort die letzten drei Platten aufschreiben!«

Ein schweißtriefender, völlig aufgelöster Tänzer stürmt in die Box und vergräbt seinen Kopf in deinen Schultern.

»Das geht nicht, die kriege ich jetzt nicht mehr zusammen.«

Währenddessen versuchst du, ihn abzuschütteln. Du willst doch nur an deine Kiste.

»*Alter!* Ich glaube, du verstehst das nicht! Weißt du überhaupt, was du gerade mit meinem Gehirn machst? Oh mein Gott, es ist un-glaub-lich!«

Der überdrehte junge Mann hat plötzlich Zettel und Stift in der Hand. Er fuchtelt damit zwischen dir und dem Mischpult herum und verfängt sich im Kopfhörerkabel.

»Schreib sie mir auf! Schreib sie mir auf!« Seine Stimme krächzt aufgeregt. Mit der rechten Hand drehst du die Platte vor und zurück, mit der linken versuchst du, ihn dir vom Leib zu halten. Dann schreibst du ihm, weil er sonst nicht weichen wird, schnell drei gute Platten auf. Die letzte, die gerade läuft, und zwei, die dir gerade so einfallen.

»Danke! Danke!« Der Enthusiast scheint zu gehen, dreht sich dann aber wieder um und fragt:

»Wie kann ich eine Minidisc von deinem Set kriegen? Hast du eine dabei, die du mir verkaufen würdest? Kannst du mir eine machen?«

Das ist eine Falle. Die falsche Antwort, und du wirst als arroganter Sack gelten, der sich zu fein ist, ein Tape für jemanden zu machen, den er gar nicht kennt. Du musst vorsichtig formulieren:

»Ich fürchte, das ist nicht so einfach.«

»Aber ich geb dir natürlich Geld dafür. Was nimmst du pro Disc?«

»Darum geht es nicht. Ich glaube, ich habe leider keine Zeit.«

»Wieso, du musst doch einfach nur eine mitlaufen lassen, wenn du das nächste Mal irgendwo spielst. Du gibst mir deine Adresse, ich schicke dir drei Minidiscs, und du schickst sie mir bespielt zurück. Gib mir am besten auch gleich noch deine Handynummer, falls ich dich mal buchen will. Was kostest du denn so?«

Spätestens dann wird es schwierig, der Versuchung zu widerstehen, einfach ja und amen und genau so machen wir das zu sagen, ihm das Postfach deines Agenten aufzuschreiben, ihn nachsichtig lächelnd aus der Kabine zu schieben und die Sache zu vergessen. Hauptsache, es ist endlich Ruhe in der Box.

Nur zehn Minuten später fragt ein Typ mit Schnauzbart, Schiebermütze und weinroter Adidas-Trainingsjacke:

»Hallo, Alder, sach mal, hast du ein *Mikrofoun* da?«

Ein einfaches, notfalls gelogenes »Nein, leider« ist zwecklos. Der Typ ist ein Freestyle-Battle-Rapper und MC, noch von der alten Schule, wie er betont. Er kennt alle Survival-Tricks des Trades.

»Ist kein Problem, Alder, wenn du kein *Mikrofoun* hast. Ich mach das durch den Kopfhörer.«

Man kann nämlich den Kopfhörer in die Mikro-Buchse stecken und da dann reinquäken. Klingt wie durch ein Megaphon: nicht schön, aber authentisch.

Wenn keine Mikrofon-Buchse vorhanden ist, wäre der Fall jetzt erledigt.

Falls aber doch, und in ihr vielleicht sogar schon ein richtiges Mikro steckt, muss man sich entscheiden. Es ist ganz egal, in was für blumige Worte eine Absage gekleidet wird. Im Ohr des Empfängers hört sie sich so an:

»Tut mir sehr Leid, aber ich *disse* dich hiermit als Rapper und MC und äußere das, indem ich es nicht zulasse, dass du über meine Platten rappst.«

Anders als in England ist Unterstützung des DJs durch einen MC, der das Publikum verbal anfeuert und den DJ preist, kein sehr verbreiteter Aspekt in der hiesigen Clubkultur. Gekonnt gemacht, gut formuliert und ökonomisch dosiert kann ein MC in der Disco aber viel Spaß machen und aufregend sein. Es ist ein integraler Bestandteil der HipHop-Kultur – wer will das schon in Frage stellen? DJs haben unten zu sein mit den MCs. Ich gebe ihnen meistens eine Chance.

Leider sieht man denen, die sich im Lauf einer Nacht mal eben zu Wort melden wollen, ihr Talent nicht an der Baseballkappe an. Eine knappe, spontane Freestyle-Einlage eines Könners kann ungemein lebendig und belebend wirken. Wenn eine Nervensäge dagegen erst mal das *Mikrofoun* in der Hand hat, kann es schwer werden, es ihm wieder zu entreißen. Ganze Dancefloors haben sich deswegen schon geleert.

Noch riskanter als Rap-Einlagen sind nur spontan vorgeschlagene Gesangsvorträge von irgendwelchen Unbekannten:

»Hallo, ich bin Sängerin und habe heute Geburtstag. Ich wollte fragen, ob ich nicht mal singen kann.«

»Naja, ich weiß nicht ... Herzlichen Glückwunsch auf jeden Fall.«

Das ist für sie absolut kein Grund, ihr Ansinnen aufzugeben.

»Keine Sorge, ich bin wirklich gut.«

»Ja, natürlich ... was schwebt dir denn vor, was willst du singen?«

»Ganz egal, spiel irgendwas, ich improvisiere einfach drüber.«

So kommen minimale Klickerklackertracks aus Köln schließlich zu ganz neuen Ehren. Bei ihrer ekstatischen Version von »Ain't Nobody« geht der Dame bald glücklich die Puste aus. Sie bedankt sich und geht wieder tanzen. Endlich kehrt Friede ein.

Es sollte von innen abschließbare DJ-Boxen geben.

Discos, die ich gesehen habe

1

Der schnauzbärtige Mann schälte sich aus dem Sitz, schnaufte um seine Droschke herum, öffnete mir den Kofferraum und fragte:

»Ist da eine Bombe drin?«

Ich hatte diesen Spruch lange nicht gehört. Die Taxizunft hatte sich schon längst an die Leute mit den schweren, glänzenden und beklebten Kisten gewöhnt. Die meisten Kollegen sagten zur Begrüßung locker und kennerisch: »Na? DJ?« Oder irritierenderweise so etwas wie: »Ah, CDs!«

DJs sind gern gesehene Kunden: auf dem Heimweg großzügig mit den Taschen voller Geld, dann und wann ist eine Fahrt zum Flughafen dabei, und es gibt immer was zu reden. Taxifahrer sind zum Teil sehr neugierig in Bezug auf gewisse Details des DJ-Jobs und bleiben dabei bodenständig: Wie viel kann man da verdienen? Lohnt sich das? Geht da was schwarz? Könnte ich das auch?

Ich konnte den Mann beruhigen:

»Das ist keine Bombe, das ist bloß Gold.«

»Alles klar. Wo solls denn hingehen?«

»Zum Flughafen.«

»In Ordnung, Chef.«

Während ich ein paar Kurzmitteilungen vorausschickte, musterte mich der Fahrer immer wieder im Rückspiegel. Schließlich fragte er mich:

»Sind Sie DJ?«

»Mhm.«

»Und? Macht Spaß?«

Ich ließ das Telefon in den Schoß sinken und sagte:

»Ja, ist gut. Doch, ist gut.«
»Und wo geht es heute hin?«
»In die Hauptstadt.«
»In die Hauptstadt? Nach Berlin?«
»Ja, genau.«
»Aha! Das ist ja gut.«
»Ja, ist gut. Ist Love Parade dieses Wochenende.«
»Love Parade? Ist in Ordnung, oder?«
»Naja, wie man's nimmt.«

Vor dem Flughafen holte ich die Sackkarre aus dem Kofferraum und klappte sie mit affenartiger Geschwindigkeit auseinander.
»Praktisch«, sagte der Taximann respektvoll. »Was kostet das Ding?«
»Hundertfuffzich Mark, bei Bauhaus«, antwortete ich.
Er machte ein sorgenvolles Gesicht, kratzte sich am Kinn und sagte schließlich zum Abschied:
»Viel Glück in der Hauptstadt!«
Ich zockelte mit meiner Karre zum Check-in. Auch an den Check-in-Schaltern der internationalen Flughäfen waren DJs nichts Neues mehr. Der rothaarige Operator hätte selber einer sein können.
»Sie fliegen nach Berlin? Wo legen sie denn auf?«
Geschmeichelt antwortete ich:
»In der Pfefferbank, in der Kalkscheune und in der Kulturfabrik. Ah, und in der Infobox. Die heißt dann aber Love Box.«
Er wünschte mir einen guten Flug und viel Erfolg und zwinkerte mir zum Abschied zu, während die Plattenkiste den Schlund des Gepäcksystems hinunterdonnerte.
Von allem Ballast befreit, steuerte ich voller Vorfreude den großen Presseshop an. Es war eine Lust zu reisen, wenn man ein Bud-

get für die Shopping Area besaß. Zeitschriften galten in meiner Logik nicht wie Socken oder Unterwäsche als Luxusausgaben, sondern waren Grundnahrungsmittel. Seit mir auf einer Zugfahrt nach Wien kurz hinter Mannheim der Lesestoff ausgegangen war, bereitete mir die Vorstellung, zu wenig Lektüre eingesteckt zu haben, den größten existenziellen Horror, der einen auf Reisen überhaupt ereilen konnte.

Munter bediente ich mich deshalb auch heute in der üppigen Auslage internationaler Magazine, nahm hier ein Jockey Slut, da eine Source, zur Auflockerung Arena Homme Plus und die neue Titanic, der ganze vergängliche Schund wie Pornohefte eingewickelt in die ZEIT, für den seriösen Anstrich. Das müsste bis Berlin reichen.

Beruhigt ließ ich mich an der Bar nieder, bestellte einen Cappuccino, rauchte und starrte auf das Rollfeld, bis bald darauf mein Flug zum Boarding aufgerufen wurde.

2

Obwohl mir die Love Parade von Beginn an ein wohl vertrauter Begriff war, dauerte es Jahre, bis ich mich zum ersten Mal persönlich dorthin aufraffte. Zunächst wurde ich nur in das nächtliche Rahmenprogramm eingeladen. In den ersten Parade-Jahren war alles noch rein technoid orientiert. Zur Mitte der 90er hatten House-Floors aber ihren Platz im wuchernden musikalischen Spektrum der Love Parade gefunden, und auf der Höhe der WPP-Popularität spielten Eric und ich sogar auf dem Motor-Wagen, dem Truck unseres damaligen Labels.

Als ich mich vom Flughafen per Taxi und die letzten Meter zu Fuß bis zum Startpunkt der Parade am Ernst-Reuter-Platz durchgekämpft hatte, war der Truck gerade losgefahren. Das wogende Menschenmeer zwischen ihm und mir schien undurchdringlich. In letzter Minute konnten sie erst die Platten und dann mich wie einen Schiffbrüchigen dort hochhieven. Nachdem ich durch die Eingeweide der Aufbauten an Deck geklettert war, bot sich mir ein zugegebenermaßen unvergesslicher Anblick. Es war das erste Parade-Jahr auf der Straße des 17. Juni. Charly Lownoise und Mental Theo bedienten gerade Mixer und Mikrofon. Im Gegensatz zu mir waren die holländischen Kommerztechno-Stars mental bestens geeignet für diese Art von Auflegen. An der Reling stand Supa DJ Dimitri, früher Mitglied von Deee-Lite. In der Nacht würden wir noch gemeinsam auflegen, jetzt betrachteten wir nachdenklich das bunte, halb nackte Paradepublikum. Gelegentlich wichen wir einem scharfen Strahl aus einer Wasser-Pumpgun aus. In diesem Jahr kamen fertig gemixte Longdrinks in Dosen in Mode. Auf dem schwankenden Schiff gab es exklusiv und handwarm Wodka/Lemon, für die nächsten sieben Stunden, bis man sich endlich abseilen konnte.

Mein DJ-Set war voll daneben. Als Sidekick und MC gesellte sich spontan ein ibizenkischer Techno-Schrat mit Sven-Väth-Hunnenzopf-Imitat und einem übersprudelnden Paraden-Spirit zu mir. Während ich in diesem Rahmen mit viel zu langsamer und subtiler House Music meinte, ein Zeichen setzen zu müssen, heizte er mit ein paar abgedroschenen Ibiza-Sprüchen die nicht gerade amüsierte Menge am Wegesrand an: »Can you feeeel it? Get up and partaaaay!«

Unsere gemeinsame, zumindest meinerseits unfreiwillige Session auf dem Wagen war indes nur von kurzer Dauer. Denn schon kurz darauf verabschiedete sich die Anlage. Es schien eine Ewigkeit zu dauern, bis sie irgendjemand wieder in Gang bringen konnte. Lautlos gondelte unser Schiff an der beleidigten, betrogenen Masse vorbei. Ich stand ganz vorne an den Plattenspielern und betete, dass es bald weiterging. Der Schrat hatte sich unter das Pult verkrochen und schämte sich.

Dann endlich lief das Aggregat wieder. Als Wiedereinstiegs-Track wählte ich »The Funk Phenomenon« von Armand Van Helden. Ein Smash-Hit in den Läden, die mich buchten. Hier fühlte es sich furchtbar deplaziert an.

Wenige Minuten später wurde mir der Hahn endgültig zugedreht. Die Parade war an der Siegessäule angekommen. Unser Truck bildete mit den anderen einen Kreis, alle Soundsysteme wurden gleichgeschaltet, und für einen Moment herrschte nun überall Schweigen. Niemand sagte etwas, nicht mal eine Trillerpfeife war zu hören. Dann dröhnte Dr. Mottes berühmte, brüchige Ansprache in die befremdliche Stille:

»Heute ... sind wir ... EINE MILLION! Respektiert ... die Natur!«

So weit die Rede. Aber was für ein Pathos! Dabei zeichneten sich die Widersprüche immer deutlicher ab. Die Love Parade hatte den Charakter eines gesamtdeutschen Volksfestes angenommen, vermischt mit dem enthemmten Geist amerikanischer Springbreak-Partys. Das Müllaufkommen war schon vorher zu einem zentralen Angriffspunkt ihrer politischen Gegner geworden, jetzt wüteten auch noch die Naturschützer wegen der neuen Route durch den Tiergarten.

Gleichzeitig firmierte die Parade immer noch unter der umstrittenen Rubrik »Demonstration«. Das mochte in den frühen Jahren symbolisch angebracht gewesen sein, als Techno noch mehr Zukunft als alternative Lebensform und Träger von Ideen zu haben schien. Inzwischen wirkte der Verweis auf die Hotel- und Gastronomie-Millionen, die der Stadt in Form von Steuern beschert wurden, die deshalb wohl sehr gut selbst die Straßenreinigung bezahlen könnte, eher höhnisch. Das Label »Demo«

schien nur noch benötigt, um Geld zu sparen. Wofür hier überhaupt lautstark marschiert wurde, wusste außer den Sponsoren schon längst niemand mehr.

Dafür wurde das Rahmenprogramm voluminöser und abwechslungsreicher. Labels und DJs aller Schattierungen nutzten die Paraden-Tage zunehmend als Präsentations-Plattform ihrer Produkte. Durch die gigantische Masse Partyvolk, das durch die Stadt zog, gab es Potenzial für unzählige Veranstaltungen, viele davon mit House-Floors. Ich nahm bis zu drei davon pro Nacht mit.

Dabei war es oft fast unmöglich, in die eigene Party zu kommen, bei den Hunderten von aufgeputschten Ravern, die sich als Knäuel vor dem Eingang drängelten. Wenn ich mich durch so eine Menge arbeitete, um zur Arbeit zu gehen, wurde ich manchmal angesehen wie ein Streikbrecher, der durch die Barrikaden will. Es gab giftige, hämische Bemerkungen:

»Ja, DER natürlich! DER Herr ist ja angeblich DJ!«

Oder:

»Was? DJ? Na, dann bin ich eben auch DJ. Hallo, lasst mich durch, ich bin DJ.«

Mitten in einem Raver-Pulk vor der Kalkscheune traf ich die US-DJs Georg Morel und Eric Morillo. Die beiden zeigten mir die »New Yorker Methode«. Man nimmt seine Plattenkiste als Rammbock vor die Brust, um sich so einfach und zügig »durchzutanken«. Damit macht man sich zwar keine Freunde, aber es erfüllt auf jeden Fall den Zweck.

Als ich den Backstage-Raum der Kalkscheune betrat, überspülte mich das übliche Love-Parade-Gewimmel aus DJs, GoGos, Securitys, Fahrern, Caterern, Managern, eitlen Wichtigtuern und dekorativen Schwerenötern. Inmitten des Hin und Hers thronte massig wie Buddha Marc Spoon. Als ich mit meiner Kiste in

Richtung Bühnentür lief, packte er meinen Arm mit seiner riesigen Pranke und hielt mich mit eisernem Griff fest.

»Ja, bitte?«, fragte ich.

»Bistn guder DJ«, antwortete Spoon, ohne mich anzusehen, wie Marlon Brando in »Apocalypse Now«.

»Und?« Ich war irritiert. Es geschah alles in Zeitlupe. Ich wusste nicht, auf was dieser Dialog hinauslaufen sollte. Schnell kalkulierte ich, ob ich in letzter Zeit irgendeine riskante Bemerkung hatte fallen lassen.

»Ich will, dass du auf meiner Geburtstagsparty auflegst.«

3

Der Zug fuhr ein. Ich rollte mit der Karre direkt bis zur vordersten Spitze. Dort machte der Bahnsteig eine Innenkurve, so dass eine geradezu gefährlich breite Schlucht entstand, die es zu überwinden galt, um zu den Erste-Klasse-Raucher-Abteilen zu gelangen. Das war mir aufgefallen, als ich diese Distanz mal auf Krücken mit Gipsbein bezwingen musste.

Ich wuchtete die Kiste hinauf und hüpfte mit der Travelbag hinterher. Gleich das erste Abteil war unreserviert und menschenleer. Ich enterte es, platzierte meine Ausrüstung überall und ließ mich in den Sitz fallen. Ein Zugabteil zu annektieren war für mich so normal wie zu Hause in die Badewanne zu steigen.

Was Lektüre betraf, hatte ich die Süddeutsche Zeitung, Spex und Loaded dabei.

Was das Ticket betraf: Warum sollte man sich zeitraubend anstellen, wenn man den ganzen Deal auch aus dem Komfort seines Abteils heraus erledigen konnte?

Das hatte ich mir schon vor Jahren zur Gewohnheit gemacht. Meine Buchführung war voller Röllchen mit orangenem Rand, wie sie aus den exklusiven Schaffner-Computern herauskommen. Das meiste davon waren Übergänge.

Die Zugbegleiterin, deren dichte blonde Mähne apart unter dem keck mit Schlagseite getragenen Beamtenkäppi hervorquoll, zuckte mit keiner Wimper, als ich mein Mantra – »*Bitte einmal Frankfurt, einfach, mit Bahncard zwoter Klasse und bitte einem Übergang in die erste, und das Ganze bitte mit Mastercard*« – herunterschnurrte.

Praktischerweise kann man direkt am Frankfurter Flughafen aus dem Zug aussteigen. Nachdem der letzte Intercity mich dort abgesetzt hatte, nahm ich mir einen Gepäckwagen wie jeder andere Flugpassagier und zockelte damit durch die Terminals, bis ich vor dem Dorian Gray ankam.

Die traditionellen jährlichen Geburtstagspartys von Marc Spoon im Dorian Gray waren Legende. Sie waren die Essenz der Frankfurter Club- und Partyattitüde in den 90er Jahren. Die Feste fingen freitags mittags an und hörten erst gegen Montagnachmittag wieder auf. Das internationale DJ-Line-up, das sich auf vier oder fünf Floors verteilte, war gigantisch und von erlesener Vielfalt.

Klar, dass ich mir dieses Erlebnis auf keinen Fall entgehen lassen würde. Zwar mochte es in einigen Kreisen anrüchig erscheinen, sich überhaupt mit dieser Szene einzulassen. Immerhin war vor nicht allzu langer Zeit in diversen Magazinen Spoons alte Bekanntschaft mit den Böhsen Onkelz diskutiert worden. Aber diese spezifisch Frankfurter Technowelt zwischen Dorian Gray und Omen hatte etwas so Pralles und Saftiges, dass es korrekter erschien, sich davon selbst ein Bild zu machen, als protestantisch Abstand zu halten.

Was sich meinen Augen bot, war eine bacchantische Szenerie. Die meisten Leute waren seit Freitagabend hier und hatten seitdem den Klub weder verlassen noch geschlafen. Wie in einem Drogenfilm glitten schwitzende Körper an mir vorbei durch den bunten Nebel, gaukelten mir mit den Armen etwas vor, starrten mich, den fremden Neuankömmling, teils teilnahmslos, teils durchgedreht, teils liebevoll an, während ich die Kiste durch das endlose Dorian-Gray-Labyrinth trug. Irgendjemand zeigte mir den Housefloor. Dort legte gerade Tom Novy auf. Noch drei Platten, signalisierte er mir mit den Fingern.

Ich stellte die Kiste ab und driftete ziellos durch die wabernden Hallen. Der Hauptfloor des Dorian Gray war ein imposanter Raum, eine der qualitativ hochwertigsten Discoeinrichtungen Deutschlands, aus einer Zeit, als Discos – und aus gutem Grunde gerade in Frankfurt – noch für etwas spezifisch Amerikanisches gehalten wurden. Man hatte eigens Tontechniker und Anlagenbauer aus New York anreisen lassen, und deshalb verfügte das Dorian Gray über eines der wenigen authentisch newyorkisch klingenden Soundsysteme. Als wenn es eine Behörde für Disco-Denkmalschutz und Kulturerbe verordnet hätte, wurde auf diesem Mainfloor auch nicht mit den seit den frühen 80er Jahren üblichen Technics-Laufwerken aufgelegt, sondern mit uralten Thorens-Plattenspielern. Die waren zwar zum Mixen ziemlich ungeeignet, verfügten dafür jedoch über eine sagenhafte Wiedergabe. Und außerdem kam es bei den durch epische Flächen unterbrochenen Monster-Trance-Tracks, die den Sound dieses Floors dominierten, sowieso nicht so sehr aufs Mixen an.

Diese extrem authentische Schallanlage war in ein weitläufiges, gediegenes Interieur gebettet, das ursprünglich die Zielgruppe des globalen Jetsets, der internationalen Playboys und Swinger ansprechen sollte, die sich hier wie im New Yorker »Studio 54« fühlen sollten. Im Grunde eine klasse Idee, nur letztlich eine eher kleine Zielgruppe, die für das Überleben einer solchen Institution kaum ausreichte.

Vielleicht wäre es mit der Disco-Herrlichkeit schon bald vorüber gewesen, hätte das Dorian Gray nicht über einen Standortvorteil verfügt, der sich Mitte der 80er Jahre als entscheidend erwies. Weil das Dorian Gray sich im Flughafen befand, gehörte es gastro-rechtlich in keine Stadt und in kein Land, und deswegen gab es dort auch keine Sperrstunde. Als der DJ und Pionier der sogenannten Electronic Body Music Talla 2XLC dort mit seinem »Technoclub« an den Start ging, begann eine lange Ära grenzenloser Feiereien.

»Feiern« etablierte sich Anfang der 90er in den munter ins Kraut schießenden Technomagazinen Deutschlands als Oberbegriff für verschiedene Techno-Beschäftigungen wie Tanzen, verstrahlt sein, Unsinn reden etc. Es hörte sich unschuldig und urig an, als wenn das alles in bester germanischer Bierkeller- und Kirmestradition stehen würde. Was es im Grunde auch tat, wenn man sich die wahren Zustände auf deutschen Volksfesten mal vor Augen führte.

Aber irgendwie war dies trotzdem ein schiefes Wort für den Zustand fortgeschrittener Selbstauflösung, zu dem ich hier im Dorian Gray als DJ die Musik spielen durfte. Da gab es nicht viel aufzubauen, hochzukochen oder runterzufahren. Mein Set hinterließ keine weiteren Spuren. Nur eines dieser Zwei-Stunden-Sets, nachdem vorher schon zwanzig DJs aufgelegt haben und danach weitere zwanzig spielen werden. Es war wie ein Non-Stop-Staffellauf, oder wie ein endloser Porno ohne Vorspiel und ohne Höhepunkt.

Das Geburtstagskind erblickte ich kein einziges Mal.

Resident Evil

»This is not my beautiful house!«
                        TALKING HEADS in *»Once In A Lifetime«*

1

Egal, ob der Abend floppt oder ob er funktioniert. Egal, ob der DJ froh oder frustriert darüber ist: Irgendwann kommt immer die letzte Platte. Entweder übernimmt ein anderer DJ und macht weiter. Oder die Nacht ist insgesamt zu Ende, und das Putzlicht geht an.

Wenn man als Gast-DJ in einer anderen Stadt eingeladen ist, wird der erste Fall wahrscheinlicher sein. Vielleicht kommt ein weiterer gebuchter Gast, oder aber der Resident DJ des Clubs hat geduldig die zwei, drei oder vier Stunden Gast-Set ausgeharrt und will und soll für die restliche verbleibende Zeit – die zwischen einer viertel und über sechs Stunden dauern kann – auch noch etwas vom Abend haben.

Man schaut dabei sowieso nicht auf die Uhr. Jedenfalls nicht, wenn es gut läuft. Wenn nichts los ist, wird man das nächstbeste Angebot, abgelöst zu werden, gern annehmen. Vorausgesetzt, man kann den Schauplatz des Geschehens anschließend zügig verlassen. Ansonsten liegt es aber nahe, so lange wie möglich hinter den Plattenspielern zu bleiben und den wartenden Resident möglichst standhaft zu ignorieren.

Das Verhältnis von Gast-DJ und Resident ähnelt leider manchmal dem zwischen einem frisch eingewechselten Stürmer und dem Mittelfeldspieler, der für diesen auf die Ersatzbank muss. Was die Nacht betrifft, ist man zwar im gleichen Team und gewinnt gemeinsam. Der Gast-DJ erwartet von seinem Wasserträger aber das exklusive Privileg zum Brillieren und Toreschießen. Mit anderen Worten: Er soll schön, effektiv, zurückhaltend und vor allem keine Hits spielen. Irgendwie wurmt das den Resident.

Dieses potenziell kritische Verhältnis ist nicht unbedingt die Regel. In der Welt der engagierten Musik-Idealisten – die aber fließende Grenzen zur normalkapitalistischen Szene- oder Discogastronomie hat – sind Residents oft hoch respektierte DJs, die sich für einen bestimmten Stil einsetzen, eine regelmäßige Nacht damit veranstalten und ihre Gäste dafür eigenhändig aussuchen und betreuen. Clubs wie Robert Johnson in Offenbach, die Rosebud Lounge in Düsseldorf, der Club Trinidad in Dortmund und das Studio 672 in Köln gehören zum Beispiel in diese Kategorie. In jeder Stadt gibt es mindestens einen davon. Weil diese Gäste oft musikalische und private Freunde oder zumindest interessante Geistesverwandte sind, ist das Verhältnis von Herzlichkeit und Austausch geprägt. Am Ende spielt man noch eine Stunde Pingpong – jeder DJ bedient einen Plattenspieler.

Anders liegt der Fall, wenn der Resident selbst keinen gesteigerten Wert auf einen Gast legt, sondern ihn von einer höheren Instanz vor die Nase gesetzt bekommen hat. Kommerzielle oder provinzielle Clubs mit eigentlich anspruchsloser Musikpolitik verfallen immer mal wieder auf die Idee, sich mit teuer gebuchten Gästen

06 05	dixon (wmf/berlin)	jeden dienstag
13 05	hans nieswandt (whirlpool productions)	ab 22 uhr im
20 05	rosebud regulars cornelius & marcus	unique-club
27 05	ramin (rote liebe/essen) & ingo sänger (1live)	bolkerstr. 30
		d'dorf-altstadt

the rosebud lounge   monat   mai '97

imagemäßig profilieren zu wollen. Dieses Ansinnen geht regelmäßig nach hinten los.

In solch einem Laden hat der Resident DJ schon im Normalfall einen schwierigen Job, der sich vor allem auf den Service-Aspekt beschränkt. Seit den 70er Jahren, als die ersten Discos die ersten DJs einstellten, hat sich hier nichts wirklich geändert. Der Resident soll alle bedienen, niemand überfordern und den Getränkekonsum ankurbeln. Man hat ihn nicht als Künstler verpflichtet, sondern als Dienstleister. Er kennt sich zwar ganz gut aus, kann das an seinem Arbeitsplatz aber nicht ausleben, weil die Leute nur Hits ertragen. Er hat schon alles versucht, versichert er zynisch und empfiehlt damit: Versuchs erst gar nicht. Vielleicht ist es besser, du gehst, Fremder. Die Leute hier mögen keine klugscheißenden Schöngeister aus großen Städten.

Er kennt die Leute und ihre Belastbarkeit genau. Er ist es gewohnt, das Publikum die ganze Zeit für sich zu haben. DJ und Dancefloor haben sich gegenseitig seit langem konditioniert. Es ist *seine* Crowd. Es ist *seine* Box. Nun muss er das Filetstück des Abends abgeben. Er weiß, dass der Gast bedeutend mehr Honorar dafür bekommen wird, obwohl er die komplizierten Verhältnisse nicht kennt und er es seinen Leuten nicht besser wird besorgen können. Das ist hart. Das ist demütigend.

Argwöhnisch verfolgt der Resident nun jede Aktion des feinen Herrn Gast-DJ, nachdem er die zähen ersten Stunden absolviert und wie immer gekonnt die Tanzfläche gefüllt hat. Der Gast-DJ kriegt diese nun billig zum Fraß vorgeworfen und tut sich damit wahrscheinlich sogar schwer. Die besten Killertracks werden ignoriert. Stücke, die in Köln, Hamburg, Frankfurt und München immer funktioniert haben, funktionieren in Porta Westfalica, Weimar oder Heilbronn plötzlich nicht mehr. Der Gast wird nervös, der nächste Übergang wird, von Rückkopplungen begleitet, gnadenlos in den Sand gesetzt. Der Resident DJ betrachtet das mit einer Mischung aus Wut und Schadenfreude. Gönnerhaft macht er einen lokalen Hit-Vorschlag, ein ganz schlimmes Lied, das der Gast-DJ schon vor vier Wochen als Promo in den Ausschuss gestellt hat. Damit könne man die Leute jetzt zum Schreien bringen. Angewidert schüttelt sich der Gast-DJ bei diesem Gedanken. Die Leute können gerne schreien, aber nur zu den eigenen Bedingungen. Die Tanzfläche wälzt sich rasch um. Das normale Samstagsabendpublikum geht desorientiert an die Theke oder reiht sich in die Schlange an der Box ein, um sich zu beschweren. Der Resident diskutiert mit ihnen. Seine Hauptgeste ist Kopfschütteln: Nein, ich kann auch nicht verstehen, warum der so was spielt. Nein, ich habe diesen Typen nicht eingeladen. Nein, ich kann ihn leider nicht einfach abservieren.

Er fragt sich: Was hat er schon, das ich nicht habe?

Er bohrt seinen Blick in den Rücken des Gast-DJs und sendet pausenlos telepathische Botschaften.

Derweil tanzen fünf Sympathisanten – diejenigen, die wegen des Auftritts erschienen sind – tapfer gegen die Tristesse.

Kurz vor der Kapitulation, unbewusst, verzweifelt, findet der Gast-DJ den verbindlichen Track, das konsensfähige Argument, das zumindest einen sinnvollen Teil des Publikums zurück auf die Tanzfläche bringt: »French Kiss« von Lil Louis. Zwischen Befriedigung der Erwartungen und Halten eigener Ansprüche politisch lavierend, bringt er nun mit knapper Not eine eigene tanzende Mehrheit zustande.

Langsam aus der Defensive kommend, nach einiger harter Arbeit und Nervenanspannung, hat der Gast aber jetzt, wo er sein Ziel erreicht hat, schon gar nicht mehr so große Lust, noch ewig weiterzumachen. So ist er in der Lage, gönnerhaft nach Ablauf der vereinbarten Mindestspielzeit oder einfach nach Gutdünken den Resident wieder ans Ruder zu lassen. Falls dieser dann auch noch mit seiner ersten Nummer baden geht, kann der angereiste DJ ihm noch ein paar nützliche Tipps geben und ihm auf die Schulter klopfen, bevor er sich zur Auszahlung und anschließend in die reservierte Suite zurückzieht.

Denn in einem fremden Club in einem fremden Dorf mit seltsamen Leuten ist die DJ-Box so ziemlich der einzige interessante Aufenthaltsort. Sobald der Fremde die sichere Box verlassen hat, weiß er nichts mehr mit sich anzufangen. Das Einzige, was jetzt noch ansteht, ist der betriebswirtschaftliche Teil des Abends: die Abrechnung.

Üblicherweise wird ein DJ davon ausgehen, die Gage unmittelbar nach dem Auftritt in Cash gegen Quittung ausgehändigt zu bekommen. Es gibt darüber keine verbindlichen Regeln wie in anderen Branchen. Jeder, der einen DJ bucht, sollte aber von dieser Gewohnheit ausgehen.

Die Übergabe findet meistens im Hinterzimmer statt. Und dann ist Geduld angesagt: Wird das DJ-Set während des laufenden Betriebs beendet, läuft es auf einen kleinen Plausch mit dem Manager hinaus, in einem wüsten kleinen Büro mit Sperrmüllsofas oder Ikea-Möbeln, das in starkem Kontrast zu der Durchdesigntheit der übrigen Räume steht. Während der Manager das Geld zählt, kümmert er sich nebenbei um die aktuellen Sorgen der Belegschaft.

War es ein gelungener Abend mit einem guten Feedback, wird er die Vorzüge des Clubs in den höchsten Tönen preisen, Absacker und Zigarren anbieten und direkt einen neuen Termin vereinbaren wollen. War es ein nicht so glorreicher Abend, wird er zerknirscht sein und jedem Schein hinterherweinen, den er nun abzählen muss und im Normalfall auch wird. Dies geht oft einher mit Selbstkritik oder anderen Krisenanalysen:

»Der Flyer ist erst am Mittwoch fertig geworden. Es gab drei andere große Konkurrenzveranstaltungen mit diesem und jenem weltberühmten DJ. Der Freitag läuft bei uns in letzter Zeit nicht besonders gut. *Dafür* war es heute ganz okay.«

Es wird Zeit für den Aufbruch. Die Ohren klingeln. Die Knochen ächzen. Das Gehirn ist fast verdunstet. Vielleicht gibt es im Hotel schon Frühstück.

Das Frühstücksbuffet

DJs sind die einzige Berufsgruppe, die das Frühstücksbuffet in Hotels üblicherweise nicht nach dem Aufstehen, sondern vor dem Schlafengehen besucht. Es setzt voraus, dass dem Frühstück eine lange Nacht vorangegangen ist, bis mindestens fünf, halb sechs.

Auftritte unter der Woche enden oft schon um drei oder vier – das kann ein Dilemma bedeuten. Man geht, gegen fünf, mit Hungerast zu Bett und wacht erst wieder auf, wenn das Frühstücksbuffet schon lange abgeräumt ist. Auf der Karte stehen jetzt Hirschmedaillons mit Semmelknödeln und Schweinelenden in Sherryrahm. Ein brutaler Tiefschlag direkt nach dem Aufstehen.

Wie einzigartig jedoch das Gefühl, nach einer guten DJ-Nacht, nach all den Leuten, dem Überschwang und der Lautstärke, mit einem überreizten Nervensystem in die irreale Gedämpftheit einer Hotellobby einzutauchen, plötzlich ganz allein, die Platten auf dem Zimmer zu bunkern, sich den klebrigen Schmutz von Händen und Gesicht zu spülen, um dann als erster und einziger Gast das Frühstücksbuffet abzunehmen, das sich um diese Zeit noch taufrisch, jungfräulich und kaum vertrocknet präsentiert. Ein reizender Anblick, der sich darüber hinaus einem absolut ausgehungerten Magen eröffnet.

»Möchten Sie Kaffee oder Tee?«

»Ich hätte gerne einen Hagebuttentee, sonst werde ich jetzt zu wach.«

Das Frühstückspersonal ahnt nicht, dass hier kein Frühaufsteher den Tag beginnt, sondern ein Spätheimkehrer, der die Ereignisse einer langen Nacht sich setzen und die Ohren auskühlen lässt. Der eigenartige Kontrast zwischen der einsam-gedämpften Situation, in der er sich jetzt befindet, und der laut-geselligen von noch gerade eben bewirkt ein sanftes Herunterkommen. Das Frühstück im noch menschenleeren Frühstückssaal großer Hotels oder auch in Kleinstadtpensionen mit intimem Flair ist wie ein kleiner Tod und gehört zu den geheimen Momenten des DJ-Lebens. Die Welt scheint in Watte gepackt stillzustehen, während Seelentröster wie warme Croissants mit Butter und Marmelade, Rührei mit Speck und Würstchen oder Obstsalat mit Honig in den Bauch wandern und das Verlustgefühl lindern, welches das unvermeidliche Ende einer noch so beglückenden Nacht hinter den Plattenspielern begleitet.

Aber jetzt ist alles gut.

Beruf: DJ

»*Der Kanzler verhunzte den Übergang zum Euro wie ein schlechter DJ! Zu lang! Zu unsauber! Zu viele Mitten!*«
SÜDDEUTSCHE ZEITUNG

»*Mit der Präzision eines DJs schlenzte er das Leder noch an Oliver Kahn vorbei. Am Ball hat der Mann einfach eine unglaubliche Pitch Control.*«
EXPRESS

»*Ohne zu murren, so stoisch, ausdauernd und würdevoll wie DJs schleppen die Sherpas die Kisten bergan ...*«
NATIONAL GEOGRAPHIC

Man schreibt Angehörigen bestimmter Berufsgruppen gerne zu, ihre jeweilige Arbeit aufgrund gewisser psychologischer Prägungen gewählt zu haben. Eine mentale Tendenz, etwas, was die Menschen dazu treibt: helfende Berufe, Führungsriegen, Wissenschaft und Forschung, Kunst usw. Und DJs? Ist DJ ein helfender oder eher ein kreativer Beruf? Oder sind DJs doch Führungskräfte? Argumente gibt es für dies, aber auch für alles andere. Gibt es vielleicht sogar eine spezifische DJ-Mentalität? Wenn ja, ist diese männlich oder weiblich geprägt? Statistisch haben wir es auf jeden Fall mit einem massiven Männer-Überhang zu tun.

Für die Minderheit weiblicher DJs stellt sich immer dasselbe Dilemma. Jeder Auftritt gerät potenziell und unvermeidlich zu einem Statement weiblicher Attitüden im Spannungsfeld zwischen Riot-Grrrl-Power und Disco-Luder. Der Prüfstein heißt nicht: Wie legt sie auf? Sondern: Wie legt sie auf, so als Frau? Manche von ihnen nennen sich *DJanes*, um ihre Weiblichkeit zu betonen, andere lehnen das voller Verachtung ab. Andere benutzen ein feminines »Miss« vor dem Namen, einige kombinieren beides. Heute abend hinter den Tellern: DJane Miss Ladypussy, damit es auch der Letzte kapiert. Und oft genug hat in Wahrheit ein Mann den Flyer getextet.

Wie auch immer: Qualität und Selbstverständnis von DJs werden, ob weiblich oder männlich, allein schon aus semantischer Hilflosigkeit meist durch Vergleiche mit anderen, traditionellen Berufen illustriert. Es gibt eine Vielzahl geradezu klassischer Klischees und Metaphern aus der Welt der Arbeit.

Die berühmteste ist natürlich der DJ als Priester. Allein schon wegen der Kanzel. Dort oben steht er und empfängt am Wochenende seine Schäfchen, die sich für diesen Anlass festlich kleiden, die richtige Einstellung mitbringen und im Gegenzug nicht weniger erwarten, als inwendig geläutert in die neue Woche und den gewohnten Alltag entlassen zu werden. Dafür zieht der Priester alle Register seiner Kunst: Er predigt die reine Lehre, er führt sie zu den grünen Auen, er lässt ein Donnerwetter los. Niemand ist ohne Fehl, aber meinen Segen habt ihr. Nicht umsonst wurde das Bild des DJs als Priester schon in der ersten, noch undergroundigen Disco-Ära in New York geprägt, unsterblich gemacht durch die Figur von Larry Levan. In seiner Kirche, der Paradise Garage, empfing er ab Mitte der 70er die Gläubigen zur Samstagsmesse, von zwölf Uhr nachts bis in den Sonntagnachmittag hinein. Alkohol war (im Gegensatz zu Drogen) tabu, Levan berauschte seine vornehmlich schwulen Jünger mit den Klängen des besten Sound Systems der Stadt, das er und nur er beherrschte wie eine Kirchenorgel. Er versetzte den Saal in pechschwarze Finsternis, während schwere Unwetter durch das Stereospektrum zogen. Die Auswahl der Songs spiegelte sein wildes Gefühlsleben wider. Nach dem Ende der Paradise Garage, nach zehn Jahren Hochamt, fand Levan nie mehr einen vergleichbaren Tempel. Anfang der 90er starb er, zu jung.

Mit der Konjunktur hypnotischer, trancehafter Techno-Styles kam auch bald das grelle, plakative Bild des DJs als Schamane oder Medizinmann auf, vielleicht am besten verkörpert von Sven Väth in den frühen 90ern, mit Ziegenbart und Hunnenzopf. Er ist Meister der Ekstase und treibt seine Tänzer streng, aber achtsam durch den endlosen Rausch wie ein Guru ins Nirwana. Und wieder heil zurück.

Vom Medizinmann ist es im Grunde nicht mehr weit bis zum DJ als ganzheitlichem Therapeuten. *I got something for your mind, your body and your soul.* Tracks werden als »heilend« und Bässe als »balsamisch« gepriesen. Ein ausgedehntes Dance Ritual kann reinigend, vielleicht sogar kathartisch wirken. Druck wird abgelassen, Spannung entladen, der Kreislauf stimuliert, das alles unter umsichtiger Leitung des DJs.

Diverse Parallelen sind auch zum Auftritt von Astronauten vorhanden. Es ist ein guter Job für Leute, die sich gerne abkapseln wollen und irgendwie abgespacet sind. Bei beiden wird eine für den Laien oft undurchsichtige bis obskure Fähigkeit und Wissenschaft vermutet, was eine starke Faszination und Neugier auslöst. Beide Beschäftigungen sind auf ihre Art stylish, wobei der Style eines DJs in erster Linie sein Handwerk und nicht die Optik meint.

Eine weitere populäre Analogie ist die des Chirurgen. Vor allem in den geheimbündlerischen, fortschrittlichsten HipHop- und Turntablisten-Kreisen sagt man DJs nach, die Platten »zu sezieren«, mit Fingern »wie Skalpelle«.

Darüber hinaus kann die ganze Welt der weißen Kittel herangeholt werden.

Physiker, die die Wucht eines Kicks berechnen.

Ballistiker, die die Zerstörungskraft einer Bassline maximieren.

Chemiker, die das Ätzen eines Sounds analysieren, die Substanzen mischen, die wiederum miteinander reagieren und Eigenschaften entwickeln.

DJs sind natürlich auch Piloten, Kapitäne und Lokführer. Alle Branchen passen, in denen einer vorn im Cockpit sitzt, mit all den Knöpfen und Reglern, von denen nur er weiß, wie sie funktionieren, während alle anderen den Trip genießen. DJs wissen, wo es langgeht, sie übernehmen die Verantwortung für die lange Reise und bringen ihre Anvertrauten mit traumwandlerischer Sicherheit ans Ziel oder auch nicht.

DJs sind wie autoritäre Psychologen, sie beeinflussen und manipulieren ihre Patienten nach Strich und Faden, und diese schreien noch nach mehr.

DJs sind aber auch wie Köche: Sie hantieren mit heißen Platten, sie kombinieren verschiedene Zutaten, sie cutten und mixen, sie kontrollieren Temperatur und Garzeit. Sie sind irgendwie rührend, und viele von ihnen lassen nichts anbrennen.

Es gibt DJs, die sind wie Staatsbeamte oder Politiker oder wie der Chef der Atombehörde. Sie füllen ihren Beruf aus wie ein Amt und führen penibel Buch über ihre Plattenbestände, und sie sind die reinsten Informationsmonster. Sie kennen jeden Vorgang in der internationalen wie in der lokalen Vinylwelt. Konsequenz in der Programmatik ist ihr Motto, vielleicht sogar eine harte Linie, Sorgfalt, Unerschütterlichkeit und eine gewisse protestantische Strenge, mit der die eigene Technoauffassung vertreten wird.

Eher fragwürdige, aber zumindest unter den meisten Jungs und Männern sofort begriffene Metaphern sind alle diejenigen, die mit militärischen Analogien zu tun haben. Denn auch wenn DJs eine denkbar zivile und gewiss sozialen Frieden fördernde Sache tun und auch wenn die meisten bestimmt sowieso verweigert haben, so sind sie auch allesamt Kinder der modernen Action-Welt und ihrer Einzelkämpfer.

Es gibt einen Einsatz. Man wird irgendwo ein- und wieder ausgeflogen. Näheres folgt später aus Berlin. Das schwere Marschgepäck muss gepackt werden. Da muss jedes Detail stimmen und jeder Handgriff sitzen, damit man später auf jeden Fall die Stellung halten kann in seinem Nest. Die Munitionskiste? Ist sortiert und gepackt. Auf der Kiste prangen die Insignien von Schlachten, die geschlagen wurden: Mayday II, Timeless Energy Rave ... Die Kleidung ist subtil, aber genau codiert, je nach Gattung: Techno-DJ, NuJazz-DJ, HipHop-DJ, Dandy-DJ. Aber das kann auch Tarnung sein, Mimikry. Denn es sind alles Spezialagenten mit Kommandoaufträgen: rein in den Laden, die Lage sondieren, Stellung beziehen, die Mission erledigen, das Haus in Grund und Boden rocken, sich zumindest wacker schlagen, anschließend Gespräche führen, über die Beute verhandeln und Rückzug ins 4-Sterne-Basislager.

Es ist kein Zufall, dass Rick Wade, amerikanischer Produzent sehr kontemplativer House-Tracks, seine Platten allen Deep House Soldiers da draußen widmet.

Und wo das alles hinführt

Northern Osten

»*Brothers, sisters, I'll take you to the promised land*« JOE SMOOTH

1

»Ganz in der Nähe von Erfurt«, vermutet mein Booker am Telefon, »eine Ortschaft namens Suhl.«

Das ist meine einzige Information, stelle ich fest, als ich schon in der DB-Lounge des Frankfurter Hauptbahnhofs sitze. Abgesehen davon habe ich nichts: keinen Kontaktmann, keine Telefonnummer, keine Hoteladresse.

Doch, ich habe etwas sehr Wichtiges: Mir wurde bereits vor Wochen die halbe Gage überwiesen. Das Ganze scheint also durchaus ernst gemeint. Deshalb fand mein Booker auch, ich solle mich ruhig schon mal in den Zug nach Osten setzen. Der Rest würde sich im Laufe des Tages klären. Alles andere wäre ja wohl völlig undenkbar.

Jeder der Beteiligten, ich inklusive, schien sich vollkommen sicher zu sein, dass die entscheidenden Daten im richtigen Moment die Person, die sie unbedingt braucht, auch erreichen würden. Der DJ ist in dieser Gleichung eine mobile Variable. Denn er muss von A nach B reisen, um zum Zeitpunkt C eine Menge der Größenordnung X mit seiner Musik zu beglücken.

Nehmen wir an, dieser DJ ist allein und selbständig unterwegs. Dann sind alle anderen Beteiligten – der Booker, der lokale Veranstalter, der Hotelmanager, der Resident DJ usw. – das Koordinatensystem, in dem er manövriert. Ohne wasserdichte Daten führt so eine Reise aber ins Ungewisse, und deswegen ist diese Fahrt nach Erfurt schon ein eher schwerer Fall von Desinformation.

Trotzdem, eine Basis der Branche ist dieses eigentümliche Urvertrauen in das, was ich *schlafwandlerisches Gleiten* nenne. Am

Ende wird dich schon jemand abholen, dir etwas zu trinken geben und schließlich den Eingang zur DJ-Box zeigen. Nach dem Auftritt erhältst du deine Gage und wirst ins Hotel zurückgebracht, wo du dich unter Umständen am nächsten Morgen aus unruhigen Träumen erwachend in ein riesenhaftes Ungeziefer verwandelt wiederfindest. Doch Duschen und ein Aspirin haben dagegen noch immer geholfen.

Also lehne ich mich entspannt zurück, während der ICE weiter durch Niederbayern rollt.

Vermutlich würden sich Vertreter anderer Branchen, andere Handelsreisende, mit solchen Zuständen und unorthodoxem Geschäftsgebaren niemals abfinden. Der reisende DJ ist allerdings ein sehr junger Berufsstand, der noch vor knapp 15 Jahren kaum vorstellbar war. Regeln und Konventionen werden gerade erst entwickelt.

Bis Eisenach haben ich und mein Booker während unseres halbstündlichen, völlig ergebnislosen Telefon-Updates noch gescherzt, aber irgendwann ist der ICE dann doch in Erfurt angekommen.

Nichts ist klar.

Keiner, der mich abholt.

Nichts in der Hand.

Der Bahnhofsvorplatz von Erfurt präsentiert sich in der Abenddämmerung vergessen und ausgestorben, von den paar sprichwörtlichen Skinheads mal abgesehen. Ich ziehe verdrossen die Sackkarre hinter mir her und schlendere durch die ehemals wohl recht schmucke Altstadt bis hin zum nächstbesten Best Western Hotel: Einmal die Juniorsuite bitte.

Wenn man hier schon strandet, dann wenigstens mit Ellenbogenfreiheit. Bis Suhl seien es zweieinhalb Stunden mit dem

Auto, informiert mich die Rezeptionistin, woraufhin mich eine üble Vorahnung überfällt: Sie werden dich holen kommen, so gegen zwei, verpeilte Typen Anfang zwanzig, die dich nachts im Eiltempo über ostdeutsche Landstraßen chauffieren. Dann die Ankunft in einem trüben Loch von Fabrikruine, wo inzwischen nur noch Leichen rumliegen, jedenfalls auf dem Housefloor. Du wirst dann natürlich trotzdem auflegen. So viel Konsequenz muss sein. Und vielleicht ist es sogar ganz schön. Die Musik ist tröstlich, drei Leute tanzen. Dann ist es irgendwann acht oder neun Uhr morgens, draußen regnet es in Strömen, und der reuevolle Veranstalter fragt an, ob man die Gage vielleicht auch nächste Woche überweisen kann?

Falls man die Rückfahrt mit irgendwelchen anderen Typen und einem bleichen Mädchen, dem vorher schlecht war, aber jetzt geht es besser, danke, falls man also diese Rückfahrt nicht an einer thüringischen Buche beendet, kommt man gerade rechtzeitig zum Auschecken wieder ins Hotel. Es sei denn, man hat Late-Check-out.

Noch ist ja nichts dergleichen passiert. Das Erfurt vor dem Fenster wirkt unfreundlich und abweisend. Das Hotelzimmer ist warm und gemütlich. Vielleicht sollte ich das Telefon einfach ausschalten. Vielleicht will das Schicksal einfach, dass ich diese Nacht in asozialer Einsamkeit verbringe. Sie ist ohnehin eine feste Konstante in meinem Alltag als reisender DJ und stellt sich fast zwangsläufig an Orten wie Zugabteilen und Hotelzimmern ein. Der Übergang zwischen kontemplativer Isolation und der totalen Geselligkeit, ja sozialem Inferno, in das man sich später oft begibt, kann so krass sein, dass ich, im Club angekommen, meistens froh bin, wenn ich endlich wieder allein in der DJ-Box bin.

In diesem Fall sieht es allerdings so aus, als wenn das Inferno ganz auf mich verzichten müsste. Das führt den ganzen Sinn der Reise ad absurdum. Ich lege mich in die Badewanne und hadere mit dem Schicksal. Als ich kurz nach Mitternacht das Telefon kontrolliere, habe ich fünf Kurzmitteilungen. Eine von Andrea, zwei von meinem Booker, zwei von den Veranstaltern. Diese Nummer rufe ich als Erstes an.

Sie hatten an alles gedacht und bis Mitternacht fest geglaubt, ich würde jede Minute eintreffen. Bis sie dann doch skeptisch wurden.

Zehn Minuten später sitze ich hellwach und hoch motiviert im Taxi nach Suhl – früher übrigens eines der Haupt-Sportleistungszentren der DDR –, wo mich nicht nur eine korrekte, handgestrickte Houseparty genannt »Schicketanz« mit sehr sympathischen Menschen empfängt, sondern auch ein Hotelzimmer direkt neben dem Club.

2

Meinen ersten Auftritt in einem neuen Bundesland absolvierte ich Anfang '94 in Magdeburg. Ich hatte mich schon gefragt, wann es endlich so weit ist. Während es mit Techno schon in den ersten Stunden nach Grenzöffnung im Osten heftig abging, dauerte es seine Zeit, bis auch ausgewiesene House-DJs eingeladen wurden.

Das lag zunächst einmal am Berlin-Faktor. Der Westberliner Underground wuselte durch die plötzlich offene, aber verwaiste Mitte und entdeckte und besetzte die heute schon historischen Orte wie Tresor, E-Werk oder Tacheles. Es öffneten sich Szenarien, die in Windeseile erschlossen wurden und bald einen nächtlichen, urbanen Abenteuerspielplatz darstellten. Dort konnte sich die Berliner Jugend und zunehmend auch die Jugend der

Welt, sprich Touristen und Klassenreisende, auf einem verbindenden und verbindlichen Level treffen: dem Technobrett. Und vielleicht hat erst die Verfügbarkeit der pittoresken, verrußten Ostberliner Kulissen für den enormen Aufschwung gesorgt, den Techno um '90/'91 erlebte. Sie boten die perfekte, krasse Optik für die neue, krasse Soundästhetik.

Techno war der Soundtrack der Wiedervereinigung und wurde als solcher vor allem in Berlin gepflegt und geprägt. Schnell etablierte er sich in den wichtigsten Ost-Metropolen. Vor allem aufgegebene und anderweitig kaum sinnvoll nutzbare Militäranlagen, wie z.B. die sowjetischen Panzerhallen in Dresden oder die Muna, ein ehemaliges MUnitionsNAchschublager auf den Hügeln zwischen Halle, Jena und Leipzig, boten authentische Hintergründe für hartes, konsequentes Clubbing.

Diese gewisse Berliner Endzeit-Härte, gewachsen in den Jahren als Frontstadt, während des »Tanzes auf dem Vulkan«, wie ihn viele Protagonisten und Macher der Berliner Club- und Subkultur immer wieder beschworen, hatte mit Techno als Musik und alldem, was Techno als Lebenshaltung seinen Jüngern abverlangte, im Grunde genommen den endgültigen Ausdruck gefunden. Techno kam für den Osten, anders als House Music, aus einem nahen Kontext und funktionierte sofort als gemeinsamer, rauer Jargon innerhalb rauer Umstände. Als die Mauer fiel, lief das ganze Konzept praktisch direkt nach Osten ab und sickerte schnell und intensiv ins Bewusstsein der potenziellen Partykontingente.

Und Techno war keine Musik, die aus fernen Ländern importiert werden musste, sondern die spätestens seit Ende der 80er Jahre in Deutschland massiv produziert, erfolgreich exportiert und international sehr geschätzt wurde. Klischeegemäß gilt Techno als eine Disziplin, in der die Deutschen besonders gut sind, wie die Automobilindustrie.

Gleichzeitig haben sich die Berliner Techno-Aktivisten, etwa um den Tresor, sehr sensibel, effektiv und kontinuierlich um das Weiterspinnen der Detroiter Schule gekümmert, die den Techno-Begriff einst begründete. Hier gab es eine Schnittstelle zu der ebenfalls feinsinnigen House Music aus New York. Weniger apokalyptisch orientierter, dafür spirituell erhebender House fand auch im Osten langsam seine Connaisseure.

Im Westen hatte sich mit Hilfe eines dichten Netzes aus DJ-Plattenläden, Clubs und Medien House schon Ende der 80er durchgesetzt. Nicht zuletzt half die hohe Kaufkraft der jugendlichen Kundschaft. Die meisten amerikanischen House-Klitschen verkaufen in Deutschland weitaus mehr Platten als in ihrer Heimat. House, als Verlängerung von Disco, kam aus einem vornehmlich schwarzen, schwulen und amerikanischen Kontext und konnte in die von Importkultur begeisterten westdeutschen Metropolen relativ leicht hineinfiltern. Im Osten hingegen fehlte für House zunächst ein entsprechender Referenzrahmen.

Ich war ein waschechter Wessi. Zu Beginn begegnete ich dem Osten mit Misstrauen. Mir fielen am meisten die verschiedenen optischen Effekte nach 40 Jahren getrennter Entwicklung auf. Das ganze Publikum drüben schien blond zu sein. In den Kölner Clubs oder denen im Ruhrpott ging es dagegen ziemlich gemischt zu.

Doch bald erwies sich der Osten für mich als unwiderstehlich. Partymacher und Publikum investierten einen enormen Idealismus in die Veranstaltungen. Clubs wurden als Kollektive aufgezogen. Es erinnerte an Nordengland, wo das Nachtleben der gebeutelten Städte eine intensivere Energie besitzt und die Musik schneller und stimulierender bevorzugt wird. Das Wochenende glich einer verdienten Belohnung für den trüben Alltag. Vom DJ wurde ein Höchstmaß an Hingabe erwartet, die Tänzer ins Gelobte Land oder wahlweise ins Delirium zu schicken. Die Leute wollten es wirklich wissen. Deswegen liebte ich es, in den Osten zu fahren und dort aufzulegen. Auf meiner ersten Reise aber kam ich noch an wie ein Dandy in Transsylvanien.

Es war eine bitterkalte Nacht im Januar 1994. Seit Hannover saß ich als einziger verbliebener Passagier im Zug nach Magdeburg. Ich stieg aus. Auf dem verwaisten Bahnhof huschte ein buckliges Männchen aus der Dunkelheit hinter einer Säule hervor, schoss auf mich zu, grinste mich aus einer schwarzen Mundhöhle an, rollte dabei mit den Augen, warf sein Mäntelchen zurück und trollte sich hinweg über die Gleise.

Ich blinzelte und war wieder allein. Es war wohl alles Einbildung.

Dann näherte sich die Silhouette eines jungen Mannes. Er trug ein »Nervous«-T-Shirt, zwar mit langen Armen, aber ohne Jacke. Nervous war ein relativ neues, amtliches House-Label aus New York und hatte als Erstes dieser Art angefangen, ein Merchandising-kompatibles Logo zu benutzen. Der altmodisch-lustige Cartoon-Charakter, dem von einer fliegenden Schallplatte die Haare rasiert wurden, fand bald mehr Popularität auf T-Shirts als auf Tonträgern. Es wurde, gemeinsam mit dem Billardkugel-Logo des Jazzhouse-Labels Eightball, für etwa zwei Jahre ein regelrechter Modetrend, dass am Ende kaum noch einer der Werbeträger ahnte, dass das dekorative Design ursprünglich für korrekten New Yorker House-Sound stand.

»Hallo, bist du Hans? Ich bin der lokale Veranstalter. Willkommen in Magdeburg. Recht frisch hier, was?«

Dichte Dampfwolken quollen dabei aus seinem Gesicht. An seinem DJ-Bart klingelten kleine Eiszapfen. Er schien die sibirische Kälte überhaupt nicht wahrzunehmen. Ich kam mir in meinem monströsen amerikanischen Triple-Fat-Goose-Daunenparka, den Timberland-Boots, den gefütterten Lederhandschuhen von Tchibo und unter den ausgefahrenen Ohrenschützern meiner Stüssy-Kappe vor wie ein Marzipanschweinchen.

»Ja, es ist saukalt.«

»Wollen wir erst mal ins Hotel, um dich anzumelden und was zu essen, und danach zu der Halle?«

»Klar, ganz, wie du sagst.«

Wir trugen das Gepäck die Treppen hinunter, packten alles auf meine Sackkarre und liefen Richtung Parkplatz. Der Parkplatz war völlig verödet, bis auf einen einsamen Trabbi. Ich musste lächeln bei dem Gedanken, dass ich gleich zum ersten Mal auf meinen DJ-Wegen in einem Trabbi zu einem Gig gefahren werden würde.

Diese witzige Vorstellung wich jedoch umgehend einem gewissen Entsetzen, als mein Gastgeber das Automobil links liegen ließ und mit großen Schritten in Richtung Hauptstraße stapfte. Eine Trambahnspur zog sich durch den Schnee, entlang verfallener, ehemals prächtiger Bürgerhäuser. Schwefelgelbes, rußendes Licht tauchte die Stadt in eine geisterhafte Atmosphäre. Mühsam trottete ich dem House-Genossen hinterher und zog dabei meinerseits eine Sackkarren-Spur in den jungfräulichen Schnee.

Nach einer halben Stunde Marsch erreichten wir endlich das Hotel. Eine blinkende Neonröhre warf kaltes Flackern auf eine Lobby, die vor hundert Jahren eine Menge Flair verströmt haben mochte. Die Wirtin hatte auf uns gewartet.

»Sie müssen hungrig sein«, übersetzte der Genosse ihr unverständliches Genuschel. Wir setzten uns in die Gaststube. Kurze Zeit später erschien ein hübsches, aber irgendwie geistesabwesendes Mädchen und stellte eine Terrine mit einer dampfenden, braungrünen Substanz auf den Tisch.

»Was ist mit ihr los?«, flüsterte ich, als die Schöne den Raum wieder verlassen hatte.

»Die Ärmste ist leider taub«, antwortete der Veranstalter leise.

»Nein, ich meine mit ihr«, sagte ich und deutete auf meinen Suppentopf.

»Oh, das ist unsere traditionelle Erbsensuppe.«

»Gibt es hier noch was anderes?«

»Ja klar, das ist doch nur die Suppe. Warte auf den Hauptgang. Es gibt Schweinekotelett ›Aloha Athen‹, mit Ananas gefüllt und Ziegenkäse überbacken.«

Ein elendes Gefühl durchströmte mich. Da ich im Zug noch nicht genug Hunger hatte, hatte ich beschlossen, die Ernährungsfrage erst mal entspannt auf mich zukommen zu lassen. Und jetzt war es zu spät. Als der üppig beladene Teller aufgetragen wurde, nickte ich stumpfsinnig, betrachtete das überbackene Desaster, schob hier und da mit der Gabel ein wenig von der zähen Masse beiseite, um einen Blick auf das graubraune Stück Fleisch zu werfen, und verzichtete schließlich sogar auf die Kartoffeln und Erbsen aus dem Glas, die sich als Beilagen um das mausetote Tier zusammendrängten.

»Ich hätte gerne einfach einen Kaffee«, bat ich meinen Host, während der voller Appetit mein Menü verdrückte, »und dann würde ich gern kurz duschen.«

Auf meinem vor dumpfer Hitze wummernden Zimmer schüttete ich die Plörre mit all meiner westlichen Arroganz direkt ins Waschbecken. In meiner Tasche befand sich zum Glück ein Snickers, das ich jetzt mit Heißhunger hinunterschlang.

»Das wäre hier ideal, um von der Stasi verhört zu werden«, dachte ich und ließ den Blick über das Jugendzimmermobiliar aus hellem Holz wandern: ein schmales Bett, ein Tisch, ein Schrank. Eine Lampe, ein Aschenbecher. Das wars auch schon.

Eine Hartschalentür führte ins Bad, eine chemo-grüne Plastik-Kabine, die am Stück in das Zimmer eingebaut worden war und per Schlauch vom Wasserhahn an der Wand versorgt wurde.

Ich beschloss, mir einfach nur die Zähne zu putzen, und begab mich dann wieder parterre zu meinem Gastgeber, der mit der Wirtsfrau in einem unverständlichen Idiom sprach.

»Von mir aus können wir gehen«, sagte ich.

»Ja, lass uns noch schnell einen Wodka nehmen. Es wird kalt heute Nacht.«

»Was du nicht sagst. Na gut.« Ich schob meinen Hintern auf einen Stahlrohr-Barhocker, der auf eine melancholische Weise ganz gut in dieses Panoptikum passte.

»Erzähl doch mal was über die Party.«

Er grinste erfreut: »Es ist die erste House-Party überhaupt in Magdeburg. Ansonsten mache ich hier eine kleine Videothek mit Sonnenstudio und einer kleinen Houseplatten-Abteilung.«

»Ach, das ist ja ne interessante Kombination.«

»Ja. Für die Party hab ich eine extrem gute Fabrikhalle aufgetan. So an die achthundert, neunhundert Leute dürften da reinpassen. Das wird heute richtig knallen.«

»Hast du denn viel Werbung gemacht?« Ich konnte mir beim besten Willen nicht vorstellen, wo hier heute Abend acht- oder neunhundert House People herkommen sollten. Doch immerhin hatte er auf dem Flyer das Logo einer amerikanischen Zigarette abgedruckt. Das war in den letzten Jahren zu einem festen Erkennungsmerkmal professioneller House Partys geworden. Es konnte also nichts mehr schief gehen.

Um den Eingang der Halle zu erreichen, musste man meterhohe Schneeverwehungen umgehen. Dann gähnte ein schwarzes Loch, in das ein merkwürdiges, dickes, langes Rohr hineinragte, an dessen Ende eine blaugelbe Flamme aus einer Öffnung schoss.

Trotz dieser abenteuerlichen Befeuerung war es hier nicht wirklich wärmer als draußen, höchstens etwas weniger windig. Ungefähr zwanzig Personen verliefen sich im Saal, drei davon hinter der Bar in dicken Anoraks, die übrigen so nah wie möglich an der Feuerschlange.

Ich kletterte hinauf zum DJ-Pult. Eine hölzern bolzende Mix-CD des populären Labels Tribal America dröhnte erbarmungslos in die kathedralenartige Leere. Ich zog meinen rechten Handschuh aus, um festzustellen, ob am Ende die Faderwege schon eingefroren waren. Kaum hatte ich den Plattenspieler berührt, begann mein Handballen leicht daran zu kleben.

Gut zwei Stunden lang hielt ich durch, vielleicht zehn Gäste verirrten sich in dieser Nacht noch in das Kühlhaus. Und um zwei Uhr musste auch der zähe Genosse einsehen, dass hier nichts mehr zu holen war. Als würde man eine Polarstation aufgeben, fuhren wir alles herunter, knipsten das Licht aus und marschierten hinaus in den Blizzard.

3

Silvester 2000 sollte ich in Sachsen verbringen. Eigentlich hatte ich mich entschieden, dieses besondere Silvester privat zu feiern, zusammen mit meiner Frau Andrea, meinem Booker Dittmar und seiner Freundin Christiane. Ein besinnlicher Übergang anstelle des üblichen, oft nur mäßig prickelnden DJ-Einsatzes. Aber immerhin in der Hauptstadt.

Ich hatte praktisch jede Silvesternacht in den 90er Jahren irgendwo aufgelegt, meistens in Köln. Das ging ja noch, man war in Gesellschaft, umgeben von den besten Freunden. Aber speziell die beiden Jahre davor, '98 und '99, waren die einsamsten Übergänge, die ich je erlebt hatte. Die Menschen sind an solchen Abenden immer so sehr auf der Suche nach der verordneten höheren Form von Ekstase, dass viele sie nicht mal bemerken würden, wenn sie nackt vor ihnen stünde.

1998 verbrachte ich Mitternacht allein im Aufzug des Bremer Ibis-Hotels, unterwegs zu einem Auftritt auf einem großen Rave. Gegen zwei sollte ich nach Groovemaster K auf dem Housefloor auflegen. Bis dahin gab es dort nichts anderes zu tun, als sich durch ein Labyrinth von Floors und Gängen treiben zu lassen, die von Strömen alberner Teenager bevölkert waren. Jeder von ihnen hielt kindischerweise einen Luftballon in der Hand. Es dauerte eine Viertelstunde, bis mir klar wurde, dass die Ballons mit Lachgas gefüllt waren, das für fünf Mark pro Füllung an einer Pumpstation erstanden werden konnte. Ein ziemlich wüstes Bild fertiger Jugend, das sich einem zu späterer Stunde bieten sollte. Die meisten hockten abgeschlagen und verstrahlt herum, mit ihrem Ballon in der Hand, an dem sie ab und zu matt saugten. Erhebende House Music ging durch sie ebenso hindurch wie der bombastische Trance vom Main Floor.

Ein Jahr später fand ich mich in Ingolstadt wieder, bis zu den Knöcheln in Popcorn. Es war nur ein kleiner Club, und der Chef hatte säckeweise Verpackungs-Popcorn besorgt und den Boden damit aufgefüllt. Schon nach Minuten hatte sich das Popcorn in der Profilsohle meiner Stiefel festgesetzt, sodass ich auf einer Popcornfederung in einem See von Popcorn herumwanderte. Auf den Tresen standen amerikanische Riesenbecher mit Ess-Popcorn – man durfte die beiden Popcorns auf keinen Fall verwechseln. Das ganze Popcorn machte das Tanzen und überhaupt alles zäh und umständlich, sodass die Fete verhältnismäßig früh zu Ende ging.

Silvester als DJ allein in einer fremden Stadt zu verbringen kann also alles andere als spritzig sein. Andererseits ist Silvester DJ-Hochsaison, nach einem fetten Auftritt in der Silvesternacht kann man dem notorisch ruhigen Januar gelassen entgegensehen. Dennoch war ich fest entschlossen: Silvester 2000 wird nirgendwo aufgelegt. Während ich mich also dieser angenehmen Aussicht hingab, trat mein Booker kurz vor Weihnachten dann doch noch mit einem kühnen Plan an mich heran:

»Ich hab einen ganz tollen Vorschlag: Wie fändest du es, wenn wir an Silvester nach Mitternacht alle zusammen nach Leipzig fahren, du legst da ein bisschen auf, und hinterher fahren wir wieder zurück nach Berlin und gehen noch ins E-Werk? Wir holen uns einen superschicken Wagen, und auch sonst würde es sich selbstverständlich total lohnen.«

»Das klingt ja grauenhaft. Muss das sein?«

»Ja, denen ist ein Ami-DJ abgesprungen, und jetzt sind sie verzweifelt, und sie wollen unbedingt dich. Wir kommen ja auch alle mit.«

Es kam, wie es immer kam: Leipzig kriegte den Zuschlag. Wie auch nicht anders zu erwarten, wurde der leichtsinnige und draufgängerische Plan mit dem Mietwagen schnell aufgegeben. Was für eine Schnapsidee, anstelle eines gemütlichen Abends in einer Altbauwohnung den Wahnsinn einer nächtlichen Autobahnaktion mit anschließender Party unter lauter unbekannten Leipzigern – also nee. Unsere Frauen zeigten uns den Vogel.

So saß ich denn auch an diesem so besonderen Silvesterabend wieder allein in einem Zugabteil. Als ich noch ein Kind war, hatte ich mir ausgerechnet, wie alt ich im Jahr 2000 sein würde – 36, und mich gefragt, was ich in dieser Nacht wohl machen würde. Die Möglichkeit, auf DJ-Mission im Zug nach Ostdeutschland zu sitzen, hatte ich dabei nie in Betracht gezogen.

Selbst an normalen Wochenenden ist eine abendliche Bahnfahrt in den Osten ein eigentümliches Erlebnis. Hinter Frankfurt wird es nach 20 Uhr äußerst ruhig, fast wie in einem Privatzug. In einer Silvesternacht aber wird es auf den Intercitystrecken richtig melancholisch. Wer dann noch unterwegs ist, gehört nirgendwo dazu. Die wenigen Passagiere reisen fast alle alleine. Überall auf der Welt sind die Menschen nun auf Partys, in Restaurants, bei einem fröhlichen Miteinander, nur hier nicht. Tröstlich für den DJ, der da wenigstens ein Ziel und eine Aufgabe hat.

Als der Zug endlich in Leipzig angekommen war, stiegen außer mir vielleicht drei Leute aus. Aus der unterirdischen Shopping-Welt des gigantischen Bahnhofs hallte kommerzieller Euro-Trance. Ein lokaler Radiosender machte dort seine Silvester-Gala, es schienen Tausende dort zu sein.

Auf dem Vorplatz stand nur ein einziges Taxi. Der Mann war überrascht, jetzt noch einen Kunden zu kriegen. Und der Kunde war ein echter Treffer. Denn obwohl der Club mitten im Zentrum von Leipzig lag, hatten die Veranstalter ein Zimmer im Maritim an der Neuen Messe reserviert. Das dämmerte mir irgendwann auf der Autobahn stadtauswärts.

»Das ist ja unglaublich weit draußen. Dabei muss ich nachher sowieso wieder zurück in die Innenstadt.«

»Da werden sie aber Probleme kriegen, noch ein Taxi zu finden.«

»Wieso?«

»Um die Uhrzeit wird kein Taxifahrer mehr rausfahren, um sie abzuholen. Die bleiben jetzt alle in der Stadt.«

»Ja dann ... können sie nicht auf mich warten? Ich checke nur schnell ein und mach mich frisch, das dauert fünf Minuten.«

»Klar, Chef.« Der Zähler wanderte munter hoch. Für den Taximann fing das neue Jahrtausend ganz gut an.

Ich dagegen hätte gerne noch ein, zwei Stunden verdöst, geduscht und Mitternacht am liebsten allein in dem eigentlich ganz komfortablen und völlig menschenleeren Hotel verbracht. Die Veranstalter hatten bestimmt einen guten Preis gekriegt. Wer wohnt schon in einem Messehotel an Silvester?

Stattdessen war plötzlich Hektik angesagt. Schon saß ich wieder im Wagen und kam bereits gegen elf in den Club. Dort war noch überhaupt nichts los. Zu dieser Stunde kein Problem, ich hatte nichts anderes erwartet. Dass sich dies auch im Laufe des Abends nicht ändern sollte, war allerdings nicht abzusehen.

Weil die Fußgängerzone nur einen Steinwurf entfernt war, lief ich mit einem der Veranstalter hinüber, um einen Blick auf das große Silvestergetümmel zu werfen. Die Menschen strömten in Massen zwischen den großen Kaufhäusern in Richtung Augustus-Platz. Pulverschwaden zogen durch die Gassen. Es knallte und knatterte wie im Krieg. An den Fassaden zerplatzten Raketen, ihre Funken regneten auf brüllende Kinder, die auf den Schultern ihrer Väter durch das Gedränge getragen wurden. Ich bekam Paranoia, immerhin hatte ich gerade acht Stunden in einem abgedämpften Abteil im eigenen Saft geschmort. Das war jetzt ein bisschen viel auf einmal.

Zurück im Club, fand ich, so gesehen, ein perfekt ruhiges Plätzchen inmitten der aufgepeitschten Stadt. Die Party erwies sich als totaler Flop, und als Hauptgrund für die mangelnde Akzeptanz schälte sich im Lauf der Nacht der maßlose Eintrittspreis von neunzig Mark für Party und Buffet heraus. Das Buffet bestand aus Erdnüssen mit Schale, Gesichtswurst und sauren Gurken. Und ich glaube, es gab auch noch Äpfel und Bananen. Ich hätte das Zeug als Backstage-Verpflegung nicht angerührt.

Im Lauf der Nacht diskutierte die Crew, ob und wie viel man mit dem Preis runtergehen sollte. Aber das nützte auch nichts mehr. Alles in allem war es ein riesiger Katzenjammer. Schließlich mussten sie mir tränenreich nahe bringen, dass man die Millenniums-Gage, die mein Booker in seiner eigenen Millenniums-Dreistigkeit festgelegt hatte, leider nicht in bar parat hätte. Ob ich denn vorerst auch mit einem kleinen Abschlag zufrieden wäre, und der Rest demnächst in Raten? Und so geschah es auch.

4

Das Jahr konnte nur noch besser werden. Allerdings war ich noch nicht in Dresden bei den Various Styles 2000 gewesen, wo das Desaster von Leipzig noch getoppt werden sollte. Mit einer schweren Mercedes-Limousine fuhren wir an einem düsteren Oktoberabend vor den ehemaligen Sachsenwerken vor. Es war das dritte Festival für mich in diesem Jahr, und für diese Fälle hatte sich die Wahl eines individuellen Transportmittels im Gegensatz zur Bahn bewährt.

Schon im Jahr davor hatte ich die Various Styles gespielt und sie als ziemlich ausferndes Großevent erlebt. Sie glichen mehr einer Leistungsschau der verschiedenen Stile als einem Festival. Über unzählige Floors erstreckte sich das ganze Stil-Panorama. Auf dem House-Floor hatte nach mir der legendäre Marshall Jefferson aus Chicago aufgelegt.

Marshall Jefferson, der Mann, der Pianos mit House Music bekannt gemacht hatte.

Marshall Jefferson, der Streicher mit House Music vermählt hatte.

Marshall Jefferson, der das Stück »Move Your Body – The House Anthem« geschaffen hatte.

Marshall Jefferson, der eine Dub Plate besaß, die er stets als

Erstes zu spielen pflegte und auf der all diese historischen Leistungen im Stil eines Reverend gepriesen wurden.

Dieses Mal war Marshall Jefferson allerdings nicht mit dabei, was schon fast unmöglich war. An diesem Abend sollte praktisch alles spielen, was Rang und Namen hatte. Über 200 DJs auf 19 Floors waren angekündigt. Das Prinzip, den Namen programmatisch zu nehmen, war von den Veranstaltern ins Gigantomanisch-Absurde interpretiert worden. Schon Veranstaltungen weit geringerer Dimensionen absolviere ich mit einer Mischung aus Faszination und Horror. Mehr als drei Floors sind ein Rummelplatz, sind ein Supermarkt, zwar Orte mit einem eigenen Flair, aber sicher keine diskreten Biotope. Trotzdem fand ich Raves und Festivals, wenn ich schon mal eingeladen wurde, durchaus reizvoll bis abenteuerlich. Auf jeden Fall Formate, die man schon aus anthropologischen Erwägungen dringend hin und wieder mitnehmen musste.

Und es war ja meistens auch gut gegangen. Ich hatte meinen Floor stets gefunden und den Job erledigt. Nichts deutete darauf hin, dass es diesmal anders kommen sollte.

Ich stieg aus und ging zu einer Reihe von Imbisswagen hinüber, die als Kassenhäuschen dienten.

»Hallo, ich bin DJ und wüsste gerne, wohin.«

»Da musst du auf die andere Seite gehen, nach da hinten, hier ist nur für Normale«, sagte das Mädchen an der Kasse und verwies mich an den VIP-Schalter. Dort lagen alle Unterlagen für die DJs bereit. Ich wiederholte mein Sprüchlein und erhielt daraufhin ein dickes weißes Kuvert.

Noch nie hatte ich so eine riesige Menge Unterlagen bekommen für ein profanes Set von höchstens zwei Stunden Länge. Den Empfang musste ich doppelt bestätigen und gegenzeichnen. Eine Unterschrift war ein Vorgang für die VIP-Kasse, ein weiteres Formular sollte ich meinem so genannten »Floorwart« überreichen. Der Floorwart würde mich dann zu dem jeweils zuständigen DJ-Delegierten überweisen, der mich wiederum zu dem eigentlichen DJ-Pult eskortierte, die Ablösung der einzelnen DJs koordinierte, überwachte und ordnungsgemäß gewährleistete.

Ob ich überhaupt wirklich DJ war, wie ich vorgab, wurde hingegen bei all der fein ausgefinkelten Organisation und Bürokratie nie überprüft. In meinem Umschlag fand ich neben einem großen Stapel Akten – vertrauliche Dossiers über die wichtigsten beteiligten Künstler, Zeittafeln, Übersichtspläne, Positionspapiere, Grundsatzerklärungen – ein dichtes Knäuel aus allen möglichen Bons, Bändchen, Marken, Anhängern und Berechtigungskarten. Ich arbeitete das grob durch. Eine Satellitenaufnahme des Grundstücks wäre sicherlich auch nützlich gewesen.

In der Dunkelheit lagen verstreut die unzähligen Gebäude. Halle X beherbergte laut Plan neben Techno VI und Drum & Bass II auch meinen Floor: »House I«. Es gab auf dem Gelände allein drei oder vier durchnummerierte Housefloors, dazu noch einen oder zwei für verschiedene Garage-Spielarten; sechs, sieben Techno-Floors; separate Floors für Gabber und Hardcore, HipHop, Dancehall Reggae, einmal Ambient, einmal Chillout, wahrscheinlich sogar Poprock. Zwischen diesen ganzen Floors, aber auch hinter den Kulissen im Backstagebereich verliefen endlose Korridore. An diesen Wegen fanden sich einzelne Posten mit Spezialaufträgen: diesen oder jenen Treppenaufgang um jeden Preis zu sperren, ganz egal, wer gerade entlangwill. Hunderte solcher Blockwarte müssen sich in dieser Nacht die Beine in den Bauch gestanden haben, als sie auf ihren heroischen Einsatz warteten, der jedoch niemals stattfinden sollte.

Denn es war schlicht fast niemand da, der in verbotenen Ecken hätte umherschweifen können. Das größenwahnsinnige Event hatte seinen Break-even bei 10 000 Besuchern, wie ich später erfuhr. Vielleicht ein Zehntel davon irrte in Agonie und feuchter Kälte dort herum.

Mein Set zog ich natürlich durch. Das gehört zum Ehrenkodex, wie beim Theater: Wenn auch nur eine Person Eintritt gezahlt hat und die Show sehen will, dann findet sie eben statt. Die Ansage war klar, und ich hatte sie schriftlich: auflegen von zwölf bis zwei, um drei Uhr findet backstage die Bezahlung statt.

Ich musste nicht viel Zeit totschlagen. Gegen halb drei sprach es sich wie ein Lauffeuer herum: Niemand hier wird heute bezahlt werden. Die Veranstalter haben schon längst das Weite gesucht, mit der Abendkasse unterm Arm. Nähere Informationen erteilt vielleicht noch das Produktionsbüro.

Dort, in einem kleinen Raum mit Neonlicht, näherte sich die allgemeine Erregung bereits dem Siedepunkt. Die noch verbliebenen ranghöchsten Verantwortlichen waren der Chef der Security und der Leiter der Sound-und-Licht-Mannschaft. Beide wirkten äußerst nervös und angespannt. Man hörte von Aufständischen aus dem Gabbertechno-Flügel, die zunächst begonnen hatten, Equipment als Schadensersatz zu fordern. Schon räumten sie ihre Gage in Form von Hardware ab. Teile der Security wurden unsicher. Sollten sie weiter aufpassen, oder wurde es langsam Zeit, selbst etwas einzusacken?

Die älteren DJs – unter anderen Jens Mahlstedt, Clé und ich – sahen uns das alles eine Weile pikiert bis fassungslos an und ließen uns dann ins Hotel fahren. Die Sache war gelaufen. Hier würde es nie mehr etwas zu holen geben, dies war eine Pleite von beachtlicher Dimension.

Einige Monate später erreichte mich immerhin noch ein zerknirschtes Rundfax der Veranstalter. In diesem teilten sie unter anderem mit, dass sie mitnichten den Schauplatz des Geschehens verlassen hätten, sondern sich abgeschirmt zurückziehen mussten, nachdem man sie körperlich bedrohte. Über eine baldmöglichste Begleichung des Honorars wurde dagegen nur orakelt.

Riskante Frequenzen

»*I'm a DJ! I'm irresponsible.*« ANONYM

Warum sind DJs eigentlich nicht gewerkschaftlich organisiert? In einem starken Verband, der sich um die Durchsetzung und Einhaltung gewisser Mindeststandards bei den Arbeitsbedingungen der Genossen und Genossinnen von der Spätschicht kümmern würde.

Das Problem ist, wenn dies eine einigermaßen verantwortungsvolle Gewerkschaft wäre, die sich nicht nur um Tarife, Vertragsrecht und technische Anforderungen kümmert, sondern auch um betriebsärztliche Belange, um die Instandhaltung der DJ-Gesundheit, könnten wir alle einpacken.

Ich hatte meine Ohren nie untersuchen lassen, aus Angst, es könnte etwas festgestellt und mir ärztlich verboten werden, weiter aufzulegen. Aber nach einer weiteren langen Dienstagnacht vor den mächtig föhnenden Monitoren des Funky-Chicken-Clubs spielte der kleine Mann in meinem Ohr noch zwei Tage später auf der Glasharfe.

Das anhaltende hohe Pfeifen hatte einen traurigen Ton. Bevor ich trübsinnig wurde, ging ich schließlich zur Untersuchung. Dem Arzt schilderte ich detailliert die Facetten meiner Arbeit. Daraufhin gab er mir den Rat, Bäcker zu werden.

»Sehen Sie, zunächst mal arbeiten Sie zu unregelmäßigen und extremen Zeiten, gegen die innere Uhr, gegen das, wofür die Biologie den menschlichen Körper nun mal angelegt hat. Sie setzen sich Stress aus, einer Menge Stress – lange Nächte, lange Reisen, mit dem Flugzeug womöglich, eine Menge Menschen, die Sie alle unterhalten müssen. Und diese ganzen Lichteffekte, das stresst Sie, ohne dass Sie es merken. All das findet in einem relativ toxischen Umfeld statt – der Rauch, vielleicht Alkohol. Und dann die Lautstärke.«

Er holte eine Grafik hervor, die zwei Kurven zeigte:

»Es sind verschiedene Faktoren, die zusammenwirken, nicht alleine die Lautstärke. Es ist der *Schalldruck*. Während der Wert für die Lautstärke – in Phon ausgedrückt – linear ansteigt, steigt der Wert für den Schalldruck – in Dezibel – *exponential*. In einem normalen, betriebsamen Büro oder Geschäft liegt die höchste zulässige Belastung vielleicht bei 70 Dezibel. Aber ein Presslufthammer hat schon 90 Dezibel, und bei militärischen Tiefflügen misst man am Boden 110. Gewerkschaften, die Berufe mit sehr hoher Lautstärke vertreten, haben nicht ohne Grund strenge Pausenvorschriften durchgesetzt. Bei 90 Dezibel muss man jede Stunde fünf Minuten Ohrenpause einlegen. Aber bei 95 Dezibel schon alle fünf Minuten eine Viertelstunde, das kommt von dem erhöhten Schalldruck!«

Das mit dem Schalldruck blies mich weg. Da komme ich praktisch immer locker drüber. Außer in solchen Clubs, in denen die Behörden dem Verstärker einen Limiter verpasst haben, was oft eine simple Manschette ist, sodass man 90 Dezibel einfach nicht überschreiten kann. Das sind die Nächte, in denen man sich echauffiert: *Ich kann so nicht arbeiten!* Und dann lauscht man die ganze Nacht angestrengt in die Musik hinein und mixt trotzdem ganz schlecht. Doch der Normalfall ist bombastische Lautstärke mit einem satten Schalldruck, der wonnig den Körper knetet. Ich komme bestimmt jedes Mal leicht über die 100. Ich bin fast so laut wie ein Militärflugzeug.

Der Doc zog eine weitere Grafik hervor, mit mehreren Innenansichten des Ohrs, bis hin zu Details der einzelnen Ohrmechaniken.

»Dies ist, leicht zu erkennen, die Schnecke. In ihr wird die Tonhöhe gemessen. Je tiefer es hineingeht in das Schneckenhaus, desto tiefer die Töne, die wahrgenommen werden. Dies geschieht mit Hilfe winziger Härchen, die dicht wie ein Wald im Schneckenhaus wachsen. Ganz vorne werden die Höhen empfangen. Und genau dort fährt jetzt dieser enorme Schalldruck hinein wie ein Orkan und holzt diese feinen, zarten Härchen um. Manche richten sich wieder auf, doch viele bleiben für immer abgeknickt. Und anders als in einem echten Wald wächst hier nichts mehr nach. Nie wieder.«

Illustration von Britta Kindschus

Ich gruselte mich schon. So also sah es in meinen Ohren aus.

»... und ich empfehle Ihnen wirklich, nein, ich *mahne* Sie, wenigstens mit Lärmschutz zu arbeiten. Es gibt heutzutage äußerst effektive, maßgefertigte Ohrstöpsel, sehr, sehr diskret, praktisch *unsichtbar*, die das Frequenzspektrum in seiner ganzen Bandbreite gleichmäßig abdämpfen...«

Das Kardinalproblem von Ohrstöpseln – den muffigen, verpuffenden Sound – hatte die Ohrstöpsel produzierende Industrie inzwischen erfolgreich bekämpft. Diese kleinen, raffinierten Dinger konnte man zwar gewiss noch nicht direkt sexy nennen, aber in ihrer technologischen Avanciertheit waren sie zumindest respektabel. Es gab wirklich kaum noch Ausreden dafür, keine Ohrstöpsel zu benutzen, musste ich dem Ohrenarzt beipflichten.

Bis heute mache ich es dennoch lieber ohne. Es fühlt sich einfach besser an. *Ich find das so komisch im Ohr.* Ich bringe es einfach nicht über mich und kenne auch kaum jemanden, der gewohnheitsmäßig »mit« auflegt. Es scheint da eine Art unausgesprochene Übereinkunft unter DJs zu geben, dass Stöpsel einfach nicht cool sind.

Eine gesundheitsorientierte DJ-Gewerkschaft wäre also dauernd im Streik, und ihre Mitglieder würden ihn ständig brechen. Oder: Die Gewerkschaft hätte ausschließlich an der DJ-Realität orientierte Forderungen nach extremeren Arbeitszeiten, absurderen Gagen und vier statt nur zwei Monitorboxen mit je mindestens 100, nein *105* Dezibel. Ganz abgesehen vom regelmäßigen Systemwechsel.

Corporate Clubbing

»So you wanna be a DJ? What must you do to be a DJ?«
WORLDS FAMOUS SUPREME TEAM, *»Hey DJ«*

1

An dem ovalen Konferenztisch mussten einige der Teilnehmer geblendet ihre Sonnenbrillen aufsetzen. Das Licht der untergehenden Sonne, das in die riesige Glaskuppel fiel, tauchte die abendliche Szene in ein pathetisches Leuchten.

Die Kommunikationsagenten eines globalen Tabak-Konzerns hatten zum internationalen Expertentreffen nach Frankfurt auf die Zeil geladen. Ein Dutzend amerikanischer und deutscher Spezialisten für Jugendkultur, darunter bekannte Journalisten, Publizisten, Modedesigner, Musikverleger und Szenegastronomen, war in seriösem Agenturschwarz erschienen.

Ich sollte ebenfalls meine jugendkulturelle Kompetenz als DJ einbringen. Weil DJs bekanntlich kommen können, wie sie wollen, war ich ganz normal mit blauer Kappe und orangem Kapuzenpullover dorthin gelatscht.

Der Staat hatte Zigaretten in den letzten Jahren bei herkömmlichen Werbemethoden drastisch beschnitten. Normale TV-Spots und Plakate, auf denen attraktive Menschen genussvoll Kippen smokten, waren verboten worden. Der konkrete Stängel durfte nicht mehr gezeigt werden. Andere, modernere und subtilere Werbemaßnahmen mussten her. Deswegen dieser Expertengipfel.

Um aus den Teilnehmern auch wirklich alles herauszukitzeln, hatte der Konzern nicht nur komfortable Suiten im Frankfurter Hof und eine geradezu staatsmännische Kulisse für die Verhandlungen arrangiert, sondern auch einen Mediator engagiert, einen durchtrainierten, blonden Deutschamerikaner. Mit einer amüsanten Kombination aus natürlichem Charisma und knallharter amerikanischer Kaderschmieden-Ausbildung grillte er unsere Runde und quetschte uns aus wie Zitronen.

Bald waren Tafeln vollgekritzelt mit Worten wie »Content«, »Attitude«, »Quality«, »Desire«, »Value«, »Freedom«, »Issue«, »Cool«, »Hot«, »Enthusiasm« und so weiter. Manche der Wörter verband er mit Pfeilen, andere mit gestrichelten Linien, um manche machte er plötzlich einen schwungvollen Kringel. Dazu nahm er einen jeweils andersfarbigen, dicken Edding. Es war rasant und faszinierend. Es sah aus wie die taktischen Erläuterungen eines Fußballtrainers.

Ziel der immer enger werdenden Einkreisung war es, Strategien zu finden, mit denen noch von keiner Konkurrenz belegte Segmente der Popkultur unterstützt werden konnten. Durch das »Powern« eines positiv besetzten Segments sollte ein Imagegewinn für den Konzern erzielt werden, der sich an der Reaktion der Medien später empirisch ablesen ließ. Darin wiederum bestand der eigentliche werbliche Effekt des Unterfangens.

Um die Sache noch etwas kniffliger zu machen und den Bezug zum Produkt zu unterstreichen, musste alles irgendwie in den Welten der US-Popkultur verwurzelt sein oder sich zumindest mit ihr verknüpfen lassen.

Anscheinend hatte jeder der Experten als Hausaufgabe gehabt, eine eigene Projektidee mitzubringen. Irgendwie war das an mir vorbeigegangen. Es dämmerte mir erst, als jeder seinen Vorschlag vorgetragen hatte und der blonde Mediator sagte:

»Okay, nu wir froyen uns auf die Project, die uns Hans die Disc Jockey last but not least wird erzaylen über House Music.«

2

Ab Mitte der 90er Jahre konnte man im eher inhaltlich als kommerziell orientierten Nightlife richtige Karrieren machen. Überall gründeten umtriebige Club-Aktivisten ihre eigene Agentur, mit Veranstaltungsservice, DJ-Booking und Partykonzepten inklusive Flyergestaltung. Die Popularität von House und Techno hatte inzwischen die Welt der Werbung und damit des Sponsoring voll erfasst. Clubbing, insbesondere verfeinerte, avancierte, moderne Formen wie Electronic Lounging, TripHop oder Minimal House, war ein natürlicher Magnet besonders für die jungen Werber, Designer, Grafiker und diejenigen, die all das studierten. Viele Agenturen beschäftigten begeisterte Clubber und Raver, die selbst aktiv in die Szene involviert waren.

Auch Unternehmen orientierten sich zunehmend an der geschmacklichen Qualität von Party-Veranstaltungen. Einfach nur möglichst viele Kundenkontakte zu erzeugen, war passé und billig. Wie gesagt: Es ging nun um Imagegewinn und Wohlwollen in den Medien. Um Werbung über Bande. Manche Firmen engagierten sich nahezu mäzenhaft im Nachtleben und hofften, dass dadurch etwas von dieser Aura an ihrem profanen Produkt haften bleiben würde.

Die Ersten, die das Potenzial des Nachtlebens erkannten und nutzten, waren die Werbe- und Promotionagenturen der Zigarettenindustrie. Als Massenkonsummittel mit enormen Etats ausgestattet, gleichzeitig unter hohem Restriktionsdruck, was traditionelle Werbung betraf, fand die Zigarette im Clubland einen idealen Boden für neue Marketingaktivitäten. Ohnehin schon Werten wie Lebensfreude und Genuss zugewandt, wimmelte die Nacht nicht nur von Rauchern, sondern zudem im Übermaß von solchen, die gewohnt sind, täglich neue Marken-Entscheidungen in ihren Lebensstil einzubauen. Da der Markt für Zigaretten angeblich gesättigt war und man kein nennenswertes Mehr an Konsumenten erzeugen, sondern lediglich Konsumenten zum Markenwechsel animieren konnte, war die Clublandschaft mit ihrer Feinsinnigkeit für die Bedeutung und Interpretation von Marken und ihren Codierungen ein optimales Terrain für die kreative Potenz der Agenturen.

Eine Zigarettenmarke war es, die in den frühen 90er Jahren den Minister für Nightlife erfand, neben drei anderen Ministerien für postmoderne Ressorts wie Virtual Reality und Fashion. Der kompetente Münchner DJ und spätere Macher der respektierten und erfolgreichen Labels Compost und Compose, Michael Reinboth, bekleidete dieses Amt während der einzigen Legislaturperiode recht effektiv, indem er kleinere Geldbeträge für Druck- oder ähnliche Unkosten an förderungswürdige Partymacher delegierte. Auf diese Weise finanzierten wir zum Beispiel die erste Show von DJ Pierre in Deutschland. Im Gegenzug kam das Logo auf den Flyer, später rückten auch Verteiler-Teams mit Leuchtpyramiden und Gratis-Zigaretten an, wie sie auf Partys immer irgendwann gern genommen werden.

Neben den normalen, kleinteiligen Wegen, ein Markenlogo im Nachtleben präsent zu halten, wie Aschenbecher, Sonnenschirme, Neonreklamen, mit denen Clubs umsonst versorgt werden, kam es bald immer mehr in Mode, als Zigarette spezielle Sub-Genres innerhalb eines Musikstils zu umarmen.

Eine amerikanische Marke konzentrierte sich zum Beispiel sehr konsequent und »nachhaltig« auf »typisch amerikanische« Stile wie House und HipHop im gehobenen Qualitätsbereich, die sie in immer wieder neuen Konfigurationen und Konstruktionen klassischer Americana präsentierten: House-Breakfast, HipHop-Barbecue, Disco-Diner und so weiter.

Die Marke machte es möglich, die erste Garnitur legendärer

und eigentlich unbezahlbarer US-DJs auf Tour durch deutsche Clubs zu holen. Was einerseits als Verdienst anzurechnen ist, da gewisse Performances sonst wohl nie zu erleben gewesen wären, andererseits aber einem gewissen Zynismus Vorschub leistete und Idealismen erstickte.

Manche Leute blieben solchen Veranstaltungen fern, weil sie nicht den Götzen in Form einer Marke huldigen wollten. Andere Leute kamen erst jetzt mit House in Berührung, angelockt und abgesichert durch die vertrauten Erkennungszeichen der Corporate Culture.

DJs spielten in diesem Spannungsfeld aus Werbung und Kultur eine tragende Rolle. Die Glaubwürdigkeit der Marke wurde an die Respektiertheit von DJs innerhalb der entsprechenden Zielgruppe gekoppelt. Etwas, was man sich bezahlen lassen konnte. Ich habe versucht, das pragmatisch zu sehen: Spex wäre ohne die Anzeigen von Markenartiklern auch nicht möglich gewesen. Im Fußballstadion ist Bandenwerbung auch normal. Take the money and run, wie Udo Kier mal bei Schlingensief den Arbeitslosen riet.

Paradoxerweise waren die meisten der New Yorker und anderen US-DJs strikte Nichtraucher, manchmal geradezu asketische Typen, die auch keinen Alkohol tranken und für die Club Culture, wie sie sich in Deutschland darstellte, irritierend und zum Teil fremdartig war. Sich mit Ami-Kippe in der einen und Bierflasche in der anderen Hand auf dem Dancefloor des New Yorker Clubs The Shelter zu verlustieren ist ein ziemlich undenkbares Bild, so gar nicht verankert in den Konventionen dieser Welt.

Während sich also die eine Marke bemühte, eine Verbindung ihrer etablierten Images mit stark afro-amerikanisch geprägten Club-Musikstilen herzustellen, orientierte sich eine andere mehr an den gelebten Realitäten europäischer und deutscher Straßenkultur und engagierte sich zum Beispiel in eigenen Techno-Paraden.

Das kam mir total imperialistisch vor. Anderweitig nicht finanzierbare Performances internationaler DJ-Ikonen in diskreten Clubs waren eine Sache, die man als werbliche Einmischung in die Kultur zähneknirschend akzeptieren konnte. Öffentlich auf der Straße hinter dem Zigarettenwagen herzumarschieren fand ich dagegen völlig würdelos. In diesen Jahren ging in Deutschland fast niemand mehr für irgendetwas auf die Straße. Und jetzt sollte man ausgerechnet für Kippen demonstrieren, mit Deppentechno und nacktem Bauchnabel.

Des Weiteren investierte man in eine Reihe extravaganter Raves, immer auf der Suche nach der noch abwegigeren Location für eine Techno-Party. Ein Thema, das in After-Hours-Kreisen gerne diskutiert wurde: Man müsste mal ... man könnte ja ... Dies bedeutete in der Konsequenz: Wo zum Kuckuck ist es noch nie technisch realisiert worden, ein DJ-Pult und ein Soundsystem effektiv zu installieren? Denn nur wo auch wirklich zwei Plattenspieler und ein Mischer von einem Menschen live bedient werden, kann man von einer echten Party sprechen. Ein Tape, eine CD, eine Minidisc einlegen gilt nicht.

So war das Air-Rave-Projekt technisch gesehen anspruchsvoll. Niemand hatte vorher gewagt, in einem Flugzeug zu raven. Flugzeuge sind nicht dazu gedacht, dass DJs darin auflegen. Es gibt keinen Platz. Die Kommunikationstechnik ist sensibel und kann leicht gestört werden. Es gibt keinen Dancefloor. Man kann abstürzen. Fliegen ist ja so schon schlimm genug. Wozu sollte man dann noch im Flugzeug *raven*? Weil man es *kann*.

Neben »Air« wurden auch »Snow« und »Cruise« zu Schauplätzen von Corporate Raves. Während die einen auf die breite Popularität und Hipness von Snowboardfahren setzten – die DJs legten draußen im Schnee auf –, handelte es sich bei »Rave & Cruise« um eine Reihe von Kreuzfahrten in »Traumschiff«-Manier nach Afrika und in andere exotische Gegenden.

Spätestens hier nahm das Raverleben die Gestalt eines dekadenten Großadels an, der von allem gelangweilt den Sinn des Lebens nur noch in der Suche nach der ultimativen Location sieht. Rave On Satellite? Wir werden es erleben.

Im Sog der Tabakindustrie engagierte sich bald eine breite Palette anderer Produkte als Sponsoren nächtlicher Aktivitäten. Energy-, Novelty- und Fun-Drinks, mit oder ohne Alkohol, wurden zunehmend sogar exklusiv für diese Welt erfunden und in ihr vermarktet. Selbst »Deutscher Korn« unterstützte eine Techno-Tour. In der Konsequenz zeigten sich schließlich sogar konservative Parteien auf der Love Parade.

3

Eine kuriose Form der DJ-Involvierung in die Werbewelt findet statt, wenn man für eine Präsentation gebucht wird. Wenn also nicht die Marke versucht, im Club-Kontext auf Kundenfang zu gehen, sondern einfach nur etwas von dessen Glanz und Image transferieren möchte:

»Wir lassen die Musik eigens von einem dieser neumodischen DJs zusammenscratchen, oder wie die das nennen.«

Dabei legt der Kunde explizit Wert auf einen »namhaften« oder möglichst teuren DJ. Ob Presse-Präsentation oder Messe-Empfang, ob internes Sales-Meeting, Betriebs- oder Bergfest einer fetten Filmproduktion: Alle möglichen Industrien buchen sich mittlerweile stets auch einen DJ, der neben dem Häppchen- und Multimedia-Programm allerdings manchmal vor äußerst undankbare Aufgaben gestellt ist.

Für die anwesenden Gäste aus der jeweiligen Branche, etwa der Bekleidungsindustrie oder dem Food-Sektor, ist die anlassgemäße Passform von Musik eine Selbstverständlichkeit. Bemerkt wird nur, wenn sie stört, nervt, zu leise oder zu laut ist, schneller sein soll oder langsamer. Wenn sie bekannter sein soll. Niemand ist wegen der Musik gekommen, aber jeder hält den eigenen Geschmack für die allein gültige musikalische Maxime.

Die Agentur, der Kunde, wer auch immer der mächtigste Musikfanatiker in der Hierarchie ist, hat seinerseits eine mal obsessiv-präzise, mal halbgebildet-schwammige Idee von der Musikfarbe des Abends. Oft soll die Sound-Anmutung mit dem Image des Produkts korrespondieren und, sagen wir: hohe Wertigkeit, technologische Kompetenz, organisches Design, eine schlummernde, sanft schnurrende, aber doch auch explosive Energie ausdrücken. Der Chef der Kreativabteilung steht selbst auf finnische Minimal-Elektronik, das aurale Konzept wird seiner Weisung gemäß festgeklopft, abgesegnet, zweimal geprobt und in trockene Tücher gewickelt. Aber eigentlich wollen alle nur Bums-Disco.

4

»Herrgott Schweinhund Verdammt Bratwurst Achtung!«, polterte die Dame los. »Vot iz zat? Zat I kall not danz muzik! Play now Earz, Vint und Fire!«

Ihr Gesicht war fast so knallrot wie das bodenlange Abendkleid, das sie trug. Sie war die Frau eines Autohändlers aus Niedersachsen, und sie wollte Ärger. Dass sie mich für einen Engländer hielt, war mir nur recht. Ich ließ sie in dem Glauben.

Der deutsche Konzern hatte zur Präsentation der neuen Mittelklasse-Limo nach Sardinien ins »Forte Village« eingeladen. Dort, in einem traumhaften Holiday Resort im Süden der Insel, wurden Autohändler-Reisegruppen aus allen Verkaufsterritorien der Erde (mit Ausnahme USA) in einem kompakten Drei-Tage-Programm mit den Vorzügen und Eigenschaften des neuen Flaggschiffs vertraut gemacht. Danach fuhren sie wieder ab, und während sie noch auf dem Weg zum Flughafen waren, zog schon die nächste Gruppe aus einem anderen Territorium im Forte ein. Innerhalb von sechs Wochen wurden so Autohändlergruppen aus Italien, Frankreich, England, Spanien, Benelux, Russland, Südafrika, Australien, Japan und Österreich hier durchgeschleust. Deutschland war allein mit acht Delegationen vertreten.

Zum Programm der Delegierten gehörten neben ausführlichen Testfahrten über die spektakulären Küstenstraßen Sardiniens zwei Abendveranstaltungen: in der ersten Nacht ein »Corporate Evening«, bei dem nach dem Gala-Diner das Auto effektvoll per Hydraulik aus der Grube gehoben wurde, ein Lichterkranz erstrahlte und die eigens aus England eingeflogene Big Band die eigens für das Auto komponierte Erkennungsmelodie spielte.

In der zweiten Nacht fand der »Social Evening« statt. Nach der Arbeit kam das Vergnügen. Um das zu garantieren, hatte die Londoner Werbeagentur ein buntes, phantasievolles Programm unter dem Motto »Venezianischer Karneval« zusammengestellt. Ein Dutzend TänzerInnen, SchauspielerInnen, AkrobatInnen sowie ein echter Zauberer sorgten für farbenfrohe Delegierten-Unterhaltung. Die Big Band spielte jetzt schmissige Standards von Glenn Miller bis zu den Bee Gees. Später traten eine Stunde lang Los Reyes auf, eine Splittergruppe der Gypsy Kings, und spielten ein Potpourri aus Hits wie »BailaBaila«, »Bamboleyo« und »Volare«. Vor und nach deren Auftritt legte noch ein DJ auf. Und dieser DJ war ich.

Ich war das einzige deutsche Mitglied eines rund zweihundertköpfigen britischen Kontingents. Wir gestalteten den gesamten Show-Aspekt der Chose. Schon Anfang Januar waren die ersten Architekten, Zimmerleute, Bühnenarbeiter, Best Boys, Rigger, Logistiker, Produktionsmanager und Agenturleute zur Vorbereitung angereist. Dort, wo in den Ferienmonaten die Swimmingpools waren, wurde ein gigantischer »Entertainment Dome« hingestellt und mit allen Schikanen moderner Showtechnik ausgestattet. Mitte Februar wurden der Haupttross der Tontechniker, Lichtdesigner, Kostümbildner, Musiker und unsere Zirkustruppe eingeflogen.

Es gab auch ein großes deutsches Konzern-Kontingent im Lager: Automobilingenieure in blauen Kitteln, junge, propere Designer in Jeans, höheres und mittleres Management in hellgrauen Anzügen. Alles, was direkt mit den Autos zu tun hatte, war fest in deutscher Hand. Man hatte sogar eine Gruppe deutscher BWL-Studenten als Chef-Autowäscher angeheuert. Das erfuhr ich, als mich einer von ihnen ansprach, weil er mich als DJ aus dem Funky-Chicken-Club in Köln wiedererkannte. Zum »Social Evening« hatte er natürlich keinen Zugang. Das durften nur die zwanzig deutschen Jurastudentinnen, die als Hostessen ebenfalls angemustert worden waren.

Die dritte Nationalität, die an dem Großprojekt beteiligt war, waren die einheimischen Italiener. In fünf Kilometern Entfernung war ein Dorf, Pula, das jetzt aus seinem Winterschlaf erwachte. Gemüselieferanten, Fleischhauer, Taxifahrer, Köchinnen und Köche und alle, die einen Teller tragen konnten, hatten plötzlich Fulltime-Jobs.

Das konnte ich von meinem Gig nicht sagen. Alle zwei Tage musste ich für zwei Stunden ran, das war alles. Ich brauchte allerdings auch die Ruhephasen dazwischen, denn die Delegierten waren schwierige Kunden.

Um mich davon zu erholen, stand mir während der sechs Wochen Ferienbungalow 907 zur Verfügung. Die Sonne war schon warm, die ersten Hummeln summten herum, wenn ich auf meiner Veranda im Korbsessel die Nachmittage verdöste. In der Kantine warteten täglich drei warme Mahlzeiten in einem einfachen, gesunden, aber auch leckeren italienischen Stil auf mich. Das Forte bot eine breite Palette hochwertiger Fitnessangebote, ein hochmodernes Gym, einen Astroturf-Fußballplatz, sogar eine bloody Thalasso-Therapie-Landschaft stand zu meiner Disposition. Hinter dem Zaun war das Mittelmeer. Es war herrlich. Das regelmäßige Leben bekam mir gut.

Das Hauptargument, diesen Job anzunehmen, war neben einer einigermaßen soliden Finanzierung der in Köln gebliebenen Familie die Aussicht auf einen langen Zeitraum ungetrübter Ruhe. Ich hatte meinen Laptop mitgebracht. Hier könnte ich endlich ein Buch über das Auf und Ab des DJ-Daseins schreiben. Während der normalen Routine zwischen Auflegen und Produzieren ging das einfach nicht.

Ich hätte die Lektion aus Jamaika beherzigen sollen: Beabsichtige nie, ernsthaft zu arbeiten in einer zu interessanten Gegend.

Das Leben im Forte und die bizarre Veranstaltung, von der ich ein Teil war, zogen mich in ihren Bann. Es war wie eine überschaubare virtuelle Welt, in der ich nur noch Englisch redete.

Es gab dort kleine, bullige Skinheads mit Cockney-Akzent, die mit Farbeimern oder Holzlatten unterwegs waren. Große, hagere Metal-Roadies mit Pferdeschwanz und dem schwarzen T-Shirt ihrer PA-Firma. Drahtig-durchtrainierte, tätowierte Travellertypen, die ohne Sicherungsgurt auf dem Dach des Dome herumturnten, mit einem Spannungsprüfer zwischen den Zähnen und einem Kabel um den Körper geschlungen wie ein Lasso.

Die Jungs von der Big Band trugen Old-School-Adidas und Modfrisuren. Manche von ihnen hatten schon mit Mod-Bands im Rose Club gespielt. Wir trafen uns jeden Nachmittag zum

Kicken auf dem Astroturf. Wenn ich ein Tor schoss, war ich »Scheiße Klinsman, you fooking German bastard«, abends im Pub ernannte mich JJ zum Ehrenbriten:

»Cheers, Hans. You are now drinking with the English.«

JJ war der mächtige grauhaarige Magier. Dieser große *Geezer* war ein beinharter Anhänger der Idee von Autarkie und überhaupt ein großer Agitator. Deshalb lebte er in der Nähe von Bath in einem selbst gebauten Wohnmobil, mit dem er von Engagement zu Engagement eilte.

Während der ersten Tage in seinem neuen Quartier war JJ pausenlos damit beschäftigt, den Bungalow mit dem Internet zu verbinden. Auch für einen Zauberer kein Klacks. Neben der Magie praktizierte er auch die Publizistik und gab das politisch-kulturelle Zunftmagazin Opus heraus. Mit diesem wollte er so schnell wie möglich im Netz präsent sein.

Ich besuchte ihn oft auf seiner Terrasse. Der autarke Künstler hatte unmittelbar nach der Ankunft einen Wasserkocher herbeigezaubert und bat als Senior der Gruppe gerne zum Tee oder köstlichem englischem Instant-Kaffee.

Als Zauberer war er auf Tricks spezialisiert, die direkt vor der Nase des Zuschauers stattfinden. Für den würdevollen Meister war das die Königsdisziplin. Bombastische Tricks mit Spezialeffekten und Bühnentechnik à la Copperfield verachtete er. Während des »Social Evenings« wandelte er in vollem Ornat zwischen den Tischen umher und forderte die Delegierten heraus, seine Kartentricks zu enträtseln. Später, wenn ich spielte, stellte er sich manchmal neben mich und sah mir nachdenklich zu:

»Hans, ich komme einfach nicht dahinter, wie du das machst.«

»Was? Soll das ein Witz sein? Du bist ein *Zauberer*. Das hier ist keine Zauberei. Im Vergleich mit deinen Tricks ist das total simpel.«

»Ich verstehe es trotzdem nicht. Ich glaube, ich sehe einfach gerne Leuten zu, die ihre Sache mit *Geschick* machen. Ich bewundere einfach *skills*.«

Das schmeichelte mir ungeheuer. Dennoch befand er sich damit in Opposition zu den meisten Delegierten. Obwohl ich ausschließlich für meine Begriffe bekannte Disco-Musik, Evergreens und Klassiker aus allen Dekaden eingepackt hatte, ging mein Programm regelmäßig über die Hutschnur oder unter die Gürtellinie. Dass das Ganze kunstvoll verwoben und gekonnt gemixt serviert wurde, interessierte keinen Menschen. Ich kam mir vor wie ein Jongleur, den man zum Kellnern gebucht hatte: Soll ich jetzt loslegen? Nein, stellen sie die Teller einfach nur hin.

Die Richtlinien wurden von der Agentur jeden Tag enger gezogen. Es gab zermürbende Grundsatzdiskussionen über Sinn und Anspruch eines DJs. Die Gattinnen der Delegierten setzten mich weiter unter Druck. Jeder redete unentwegt auf mich ein, während ich auflegte. Am liebsten hätten sie mir die Lieder diktiert. Wenn sie nur gewusst hätten, welche. Nur meine Zirkustruppe und meine *Mates* von der Big Band, alles gut informierte Clubber, standen noch hinter mir.

Die Gypsy-Kings-Vettern hielten sich aus allem raus. Weil ich direkt vor und nach ihnen spielte, musste ich ihren Set insgesamt zwanzig Mal ertragen und konnte ihn schon nach dem ersten nicht mehr hören. Die Gruppe war ihrerseits gespalten: Es gab die bunt gemischte Backing Band mit Musikern aus aller Herren Länder. Und die fünf Gitarren-Frontmänner, die alle miteinander verwandt waren und nur als Gruppe auftraten. Manchmal kamen sie in ihren farbenfrohen Gypsy-Klamotten ins Dampfbad und standen eine Weile schweigend herum, bis es ihnen zu warm wurde.

»Gypsys sind tight, tight, tight«, erklärte mir Humphries, der jamaikanische Drummer der Gruppe. »Ich kenne kein Volk, das so tight ist. Du kannst niemals wirklich dazugehören.«

Ich sagte dem Boss meine Meinung und forderte, in Zukunft während des Auflegens in Ruhe gelassen zu werden. Zusätzlich wollte ich einen Zaun um die DJ-Box, damit mir die Delegierten vom Pelz blieben. Ihr wollt professionelle Arbeit, dann lasst den Profi arbeiten. Andernfalls würde ich mein Zelt abbrechen.

Alles wurde prompt erfüllt. Nach meinem Anfall verliefen die Abende reibungslos: Die Autohändler tanzten, und ich suchte dafür geschmackvolle Dancetracks heraus.

Das konnte allerdings auch damit zu tun haben, dass sich die Chemie der Delegationen geändert hatte. Nachdem eine lange Phase anstrengender deutscher Reisegruppen überstanden war, die vor allem durch herrisches Auftreten gegenüber dem DJ aufgefallen waren, wurde es angenehmer.

Die französischen und italienischen Autohändler konnte ich fast wie ein ganz normales, nettes Club-Publikum behandeln. Sie waren smart angezogen, kannten die aktuellen Club-Hits von Daft Punk und George Michael, und sie wussten, wie man dazu tanzt.

Die Russen kletterten im Rausch auf die GoGo-Podeste, schubsten die Tänzer herunter und platschten grölend hinterher, dass die Nadeln kreuz und quer über die Platten hüpften.

Die Japaner bewegten sich nur ganz ruhig und vorsichtig im Raum. Nachdem sie aufgetaut waren, standen sie Schlange, um sich mit mir in der DJ-Box fotografieren zu lassen.

Nach jedem »Social Evening« war unser Pub das rettende Ufer. Es war der normale Pub des Resorts, jetzt aber nur für uns, die Werktätigen, erlaubt. Es herrschte zunehmende Apartheid im Forte. Die Fools und Clowns sollten sich nicht mehr am Strand blicken lassen, wenn die Delegierten dort waren. Das Gym sollte für Arbeiter und Künstler untersagt werden. Dagegen hatten die zierlichen Akrobatinnen und die muskelbepackten Rigger erfolgreich Einspruch erhoben. Bis 14 Uhr blieb das Gym für die Crew verfügbar. Ich nahm Tapes für die Workout-Sessions auf.

Die Crew- und Künstler-Bungalows befanden sich im Westteil des Feriendorfs. Die Delegierten mieden dieses Ghetto. Dafür wurden nachts im Pub brüllende Witze über sie gerissen. Hier war man unter sich.

Da der Zaun um meine DJ-Box sich gut bewährt hatte, schlug der Produktions-Designer vor, ihn schwarz anzustreichen, damit er besser in die Deko passte. Ich bot an, das selbst zu machen. Das war interessanter, als sich hinzusetzen und alte DJ-Anekdoten aufzuschreiben. Ich lieh mir einen Ghettoblaster, drehte das »60 Minutes Of Funk«-Mixtape von Funkmaster Flex auf und machte mich auf meiner Veranda an die Arbeit.

»Hi«, unterbrach mich nach einer Weile eine Stimme. Ich drehte mich um. Ein verwittertes, glatzköpfiges Männchen mit Rauschebart und Nickelbrille stand in kurzen Hosen vor meinem Zaun und sagte freundlich: »I'm Tom. Great Sound.«

Tom war erst seit ein paar Tagen im Forte und schien doch zu einem großen Teil der Vater des ganzen Spektakels hier zu sein. Er war so etwas wie das Senior Creative Mastermind und hatte sich das alles vermutlich bei einem guten Joint ausgedacht, wie er ihn stets in der Hand hielt.

Eigentlich war er aber vor allem ein respektabler alter Hippie und Zimmermann. In jungen Jahren hatte er sogar in Deutschland Dope verkauft. Jetzt war er über sechzig und jenseits von gut und böse. Irgendwann hatte die Industrie bei ihm angefragt, ob er nicht eine psychedelische Lichtkonstruktion für eine Präsentation anfertigen könnte, etwas mit einer Idee. Alles Weitere ergab sich schneeballartig von selbst. Heute war er Mitbesitzer einer großen Londoner Agentur, die von globalen Konzernen beauftragt wurde, ihre austauschbaren Produkte mit Phantasie zu erfüllen.

»Sie brauchen Leute wie dich und mich«, lächelte Tom nach einem tiefen Zug. »Sie brauchen die Freaks. Ohne uns wären ihre Produkte nur blöde Blechkisten.«

Jugend der Welt

»*Mein Lied ertönt der unbekannten Menge / Ihr Beifall selbst macht meinem Herzen bang.*«   GOETHE

1

Die Sonne hatte jetzt ihren höchsten Stand erreicht. Wir standen vor der großen Sonnenpyramide, die die Mixteken errichtet hatten. Folgte man von Mexico City kommend der »Straße des Todes«, war sie nicht zu verfehlen.

Auf der letzten Stufe vor der Spitze hatte sich eine lange Reihe andächtiger Einheimischer nebeneinander aufgestellt. Sie trugen Einheitskleidung: blütenweiße Hemden und Hosen oder Kleider, dazu knallrote Halstücher und einige einen Cowboyhut aus gegerbtem Leder. Ihre Augen hielten sie geschlossen und ihre Hände zum Himmel ausgestreckt. Sie konnten es fühlen. Manche balancierten auf der Handfläche noch eine kleine Pyramide aus grünlichem Quarz. Manchmal änderten sie die Position, verharrten dabei aber in tiefer Konzentration.

In etwa zwei Meter Abstand vor ihnen kauerte eine bleiche, hagere Gestalt am Boden. Der Mann hatte sein gelbes T-Shirt um den rasierten Kopf geschlungen, als Schutz vor der starken Sonnenstrahlung.

»Sieh nur, es sieht aus, als wenn sie Thomas Brinkmann anbeten würden und nicht die Sonne«, keuchte Triple R, als er neben mir auf dem Plateau der Pyramidenspitze ankam. Mit seinem blauen Hemd, dem breitkrempigen Farmerhut und der New-Wave-Sonnenbrille sah er aus wie ein lustiger Missionar aus einem Film.

Er und Thomas Brinkmann gehörten ebenfalls zu den deutschen Teilnehmern, die das Goethe-Institut für »Tecnogeist« nach Mexico gebeten hatte, eine Art Aktionswoche, die deutsche und mexikanische Technokulturaktivisten auf Bühnen und in Workshops zusammenführte. Brinkmann repräsentierte dort die Kölner Produzentenschule für minimale Elektronik, Triple R trat an als DJ und Experte für korrekten Techno.

Es waren nur noch wenige Tage bis zur Sonnenwende. Die paar Hundert traditionell gewandeter Sonnenanbeter an diesem Sonntag waren nur die Vorhut für die Millionen, die am Mittwoch hier aufkreuzen würden. Vorsichtshalber hatte auch ich meine Hände zum Himmel erhoben und lud meine Sonnenenergie-Batterien auf.

Das war auch dringend nötig. Noch vor wenigen Stunden stand ich hinter ein paar Plattenspielern, am »Monument der Revolution« in Mexico City, vor ca. 75 000 entfesselten mexikanischen Rave-Kids, die sich bis morgens um sieben mit Sprungtüchern in die Luft schleuderten und Spraydosen abfackelten.

Am folgenden Montag berichteten die Zeitungen fast ausschließlich über Art und Ausmaß der dabei vorgefallenen kriminellen Delikte. Bei 50 000 bis 100 000 Teilnehmern – die erste Zahl war paradoxerweise die Schätzung der Veranstalter, die zweite die der Polizei – gab es ganze elf Festnahmen, die meisten wegen öffentlichen Biertrinkens oder des Mitführens von *cigaros de mariguana*. Ansonsten gehörten zu den schwersten Delikten ein durch Graffiti unschädlich gemachter Streifenwagen und eine verwüstete U-Bahn-Station. Alle Täter wurden mit vollem Namen und Altersangabe abgedruckt, Listen aus blumigen Namen von armen Sündern wie Fernando José San Miguele Hernandez Del Iguacu Y Los Carros Hidalgo De La Leche Antigua Carabello, 17. Als Gegengewicht zum Image des wilden Latino-Temperaments schien den Menschen in Mexico von offizieller Seite eine beträchtliche Strenge und Disziplin verordnet worden zu sein. Sie wollten es bändigen.

Tecnogeist 2001: DJ Hell (rechts) und Hans Nieswandt fotografiert von Kalaman

Das Rave-Publikum verfügte allerdings tatsächlich über einen starken Hang zum Übermut. Als ich um drei Uhr morgens von Monika Kruse übernahm, erinnerte das Bild eher an ein Heavy-Metal-Konzert. Dampf, Qualm und Rauch hingen über dem Moshpit. Brinkmann, Triple R, Zombie Nation, Humate, DJ Hell, Mijk Van Dijk, Thomas Schumacher und Sven Väth hatten die Mex-Tecnos bereits abgefeiert. Alles Leute, die definitiv wussten, wie man einen Riesenrave rockt.

Vor so vielen Leuten hatte ich dagegen noch nie gespielt. Wenn man mal von den vier Minuten Vollplayback vor 20 000 in Italien absieht, waren es bisher maximal 8000 gewesen. Normal waren für mich 300. Von der Bühne aus konnte ich nicht mal einzelne Gesichter erkennen. Die Beats-per-Minute-Anzeige auf dem Mischpult stand nach Monikas Set bei wahnwitzigen 148. Hoffentlich hatte ich überhaupt so schnelle Platten dabei ...

Der erfahrene Rave-DJ bringt an so einer Stelle, wenn es gilt, seine Ankunft zu verkünden oder das Tempo zu modifizieren, ein pompöses Intro, einen bombastischen Monsterbreak, damit ihn alle bemerken und ihm zujubeln können. Er reißt die Arme in die Luft, lässt die Erwartungen ins Schwindelerregende wachsen und bringt dann – bamm! – die Bassdrum zurück, lässt sie den Massen aufs Brustbein und aufs Zwerchfell schmettern, denen daraufhin in einem kollektiven Aufschrei die Luft aus den Lungen entweicht. Er reißt erneut eine Faust in die Höhe, ein erneuter Aufschrei, wieder ein hymnischer Break – es geht in jeder Hinsicht um die ganz großen Gesten, pantomimisch wie musikalisch. Dazu bläst die Windmaschine Kunstnebel in den Laserlichtdom auf der Bühne, in dessen Zentrum der DJ positioniert ist.

Ich dagegen blendete so smooth wie möglich in das rasende Brett, das Monika mir vorgelegt hatte. So, wie ich das in den Nightclubs gelernt hatte. Dann »drosselte der fröhliche *diyei* aus Deutschland das Tempo ein wenig ... «, wie die Zeitung am Montag ebenfalls erwähnte, bevor es Lokalmatador Martin Parra und Acid Maria aus Karlsruhe noch mal mächtig anzogen.

Aber da waren wir schon unterwegs zu den Pyramiden.

2

Das Hotel »Majestic« lag direkt am Zócalo – nach dem Roten der zweitgrößte Platz der Welt. In der Mitte blähte sich tennisplatzgroß eine mexikanische Flagge mit dem mythologischen Motiv der Azteken: Wo ihr einen Adler auf einem Kaktus mit einer Schlange im Schnabel sitzen seht, da lasst euch nieder und baut die neue Stadt. So wurde ihnen einst geboten. Gegenüber stand heute der Regierungspalast, und dahinter, fern am Horizont, erhob sich dunstig der Popocatepetl. An seiner rechten Seite stand eine Rauchsäule, wie angewachsen. Manchmal glitt ein landender Düsenjet durch diese Postkartenkulisse.

Eigentlich sollte der Höhepunkt des »Tecnogeist 2001«-Events die große Parade mit anschließendem Rave auf dem Zócalo sein. Von der Dachterrasse wäre das ein tolles Bild gewesen. Doch im letzten Augenblick musste der Plan geändert werden. Denn vor wenigen Tagen hatten auch die Zapatisten unter Führung von Subcommandante Marcos das Ziel ihres großen Marsches, die Hauptstadt, erreicht. Unter viel Jubel versammelten sich auf dem Zócalo nun täglich große Teile der Bewegung.

Da schon eine Woche vor den »Tecnogeist«-Aktivitäten angereist, konnte ich das große Sympathie-Konzert noch miterleben. Über den Platz war ein riesiges Banner gespannt: »Todos somos indios del mundo – Wir sind alle Indios auf dieser Welt.« Die Stimmung war großartig. Wenige Tage danach hörte man von Diebstählen, öffentlicher Sittenlosigkeit, Alkoholkonsum und anderen Ausfällen. Daraufhin wurde der Tecnogeist-Desfile (wie man in Mexico eine Parade nennt) zum kaum weniger symbolträchtigen und genauso geräumigen »Monument der Revolution« verlegt.

Der Paradeweg verkürzte sich daraufhin um das attraktive Stück durch die Altstadtschluchten und zog lediglich eine achtspurige, von Bürohochhäusern gesäumte Avenida herunter, bevor es in einem Schlenker zum Monument hinüberging. Start war am Engel, der Siegessäule von Mexico City. Ungefähr 5000 Teilnehmer und fünf Trucks setzten sich dort am späten Samstagnachmittag lärmend in Bewegung.

Das Gefühl bei den deutschen Teilnehmern der Parade war nostalgisch bis gerührt: So hatte die Love Parade auch mal angefangen. Die Trucks, prächtige amerikanische Zugmaschinen, zogen meterlange Ladeflächen hinter sich her. Vorne waren ein paar Plattenspieler montiert, in den Ecken Lautsprecher. Keine Aufbauten, keine Werbung, keine Sicherheitsmaßnahmen, keine peinlichen Verstrahlten. Die Raver tanzten dicht gedrängt auf der nackten Plattform, immer in Gefahr, zwei Meter auf die Straße abzustürzen. Der Sound plärrte und krächzte in Turbolautstärke aus den Boxen, bis er auf den meisten Trucks nach einer Weile ausfiel und der Fahrer mit dem Signalhorn für Stimmung bis zum Monument sorgen musste.

Zum zweiten Mal hatte Goethe den großen »Tecnogeist« nach Mexico City gerufen. »Tecnogeist« war eine typische Goethe-Idee und -Wortschöpfung. In ihrer leichten orthographischen Seltsamkeit brachte sie das Engagement des Goethe-Instituts für Techno und Elektronik aus Deutschland in den 90er Jahren gut auf den Punkt. »Tecnogeist« vereinte alle Facetten deutscher Technokultur in einem einzigen exportfähigen Event: von den großen Idolen wie Sven Väth und DJ Hell über eine breite Palette verdienter Rave-, Techno- und House-DJs wie Monika Kruse, Acid Maria, Humate, Zombie Nation bis zu Vertretern des Undergrounds, der minimalistischen Avantgarde wie Triple R und Thomas Brinkmann und des gehobenen Popjournalismus, vertreten durch Ralf Niemczyk. Der Kölner Künstler Kalaman und die Berliner »Flyer Soziotope«-Jungs rundeten die Workshops mit Discokugel-Installationen und einer Dokumentation über das deutsche Flyerwesen der letzten zehn Jahre ab.

Aus dem »Love Parade«-artigen hedonistischen Umzug und Big Rave, den ernsthaften Workshops und den kleineren, verspulteren Partys in intimeren Locations entstand ein mehr oder weniger komplettes Bild von elektronischer Musik in Deutschland.

Trotzdem blieb es für den Einzelnen eher befremdlich, sich als Vertreter deutscher Wertarbeit wahrzunehmen, Techno als

Qualität aus deutschen Landen zu verkörpern oder am Ende gar spezifisch stolz darauf zu sein. Dem widersprach nicht nur das eigene Unbehagen, sondern auch die Geschichte von Techno selbst. Für jeden der teilnehmenden DJs und Produzenten war Techno eine internationale Angelegenheit, die sich weder an nationale noch kontinentale Grenzen hielt.

Aber wie bei einem Yogakurs mit einem echten Guru versprachen sich auch die jungen Mexikaner während der Workshops von den Techno-Meistern aus Deutschland geheimes Wissen direkt von der Quelle.

So staunte ich nicht schlecht, als die Mitglieder des Nortec-Kollektivs aus Tijuana erzählten, dass ihr angenehmer Minimal-Elektronik-Sound unmittelbar von der ersten LP des Kölner Projekts Burger Ink beeinflusst war, ja dass diese sie überhaupt erst inspiriert hatte, selbst zu produzieren. Früher gab es außerdem in der Gegend um Tijuana eine Reihe Piratensender, die vor allem in die USA hinüberfunkten. Einer spielte jede Menge Kraftwerk und Konsorten. Krautrock und deutsche Popmusik hatten dort merkwürdig nachhaltige Spuren hinterlassen.

Inzwischen sampelten die Nortec-DJs traditionelle Instrumente wie Trommeln oder einzelne Bläsernoten und versuchten, sie in ihren global-minimalen Sound einzuarbeiten. Gleichzeitig mieden sie unbewusst die Falle, mit lateinamerikanischer Folklore verwechselt zu werden.

Mir schien es dagegen ein attraktiver Anknüpfungspunkt für einen Erfolg in Europa zu sein:

»In Deutschland ist lateinamerikanische Musik sehr beliebt und ...«

Sofort unterbrach mich einer:

»Aber wir wollen auf keinen Fall als Folklore gehandelt werden. Wir sind keine typisch mexikanischen Latinos, *caramba*!«

Ich verstand. Aber lief es nicht umgekehrt genauso? Hatten sie uns nicht auch die ganze Zeit als ausgesprochen deutsch, als typische Vertreter von *Vorsprung durch Technik*, als *Aus Erfahrung Gut* gesehen?

3

Schon Ende der 80er und Anfang der 90er Jahre hatte Goethe einige DJs ins Ausland geschickt. Es waren die ganz großen Namen der Stunde wie Westbam, Marusha usw. Ihre Aufgabe beschränkte sich darauf, bei Riesenraves aufzutreten.

Erst nachdem Alfons Hug, Leiter des inzwischen geschlossenen Instituts in Brasilia, sich mit den Schriften und Ideen von Leuten wie Diedrich Diederichsen oder Achim Szepanski beschäftigt und dem Tresor, dem E-Werk und anderen Schauplätzen des real existierenden Techno Besuche abgestattet hatte, wurde beschlossen, eine kleine Techno-Delegation durch Brasilien zu schicken, die nicht nur Partys, sondern auch Seminare rocken sollte.

Mitte '94 klingelte mein Telefon. Es war mein Bekannter Konrad. Er hatte als Bassist alle Ecken der Welt mit Goethe besucht und war von ihm gebeten worden, Recherchen für eine derartige Delegation zu machen. Er kannte mich als ehemaligen Spex-Redakteur, kontinuierlichen Kolumnisten, DJ und Musiker und bat mich um Auskunft und Vorschläge für mögliche Teilnehmer. Ich schnurrte herunter:

»Also, Acid Jesus, Air Liquide, Alec Empire ... Das kommt darauf an, was die sich so unter deutschem Techno vorstellen. Die Definitionsspanne ist so groß, von Asi-Techno bis Eierkopf-Elektronik kann alles irgendwie ...«

Er unterbrach mich:

»Meinst du, du könntest nächste Woche mit mir nach Brasilien fliegen und das den Instituts-Leuten dort ein bisschen erläutern?«

Im Endeffekt wurden zwei Reisen daraus. Nach der begeisterungsfähigen Vorcheckungsreise wurde das Budget gekürzt, und von der ursprünglich breit angedachten Delegation blieben zu meinem Erstaunen drei Teilnehmer übrig: Konrad, Justus und ich.

Das war zwar nicht gerade typisch Techno, wie der kleine Moritz sich das vorstellt, aber *wie es euch gefällt…*

Unter der Woche sollten wir Workshops abhalten und jungen Brasilianern zeigen, wie wir arbeiten. An den Wochenenden gab es den praktischen Teil mit Live-Auftritten und DJ-Gigs.

Mitte 1995 machten wir uns schließlich mit 170 Kilo Übergepäck auf den Weg. Wir hatten fast das ganze Wohnzimmerstudio dabei, lediglich den stationären PC durch einen Laptop ersetzt. Dazu zwei Keyboards, ein Rack mit diversen Klangerzeugern und Effekten, ein 16-Kanal-Mischpult, eine Tüte mit Kabelsalat und der unvermeidliche Plattenkoffer.

Wenn ich ansonsten versuchte, möglichst viele Platten von überall her zu kombinieren, modifizierte ich nun den Inhalt meiner Kiste und nahm fast nur Musik aus Deutschland mit. Am Ziel und nach getaner Arbeit wurde davon so viel wie möglich gegen einheimische Platten eingetauscht.

Belo Horizonte war unser erstes Etappenziel und feierte gerade hundertjähriges Jubiläum. Belo hat keine Geschichte, keinen Strand und damit keine Touristen. Der Wohlstand gründete sich auf die Bodenschätze der Region und wurde mit einer klassizisti-

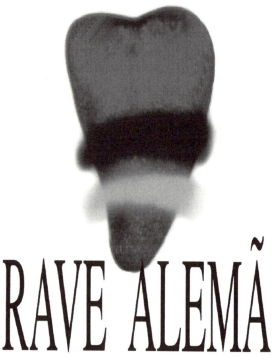

schen Protzarchitektur neureich zur Schau gestellt. Von dem urbanen Niedergang, der Brasiliens Städte plagte, war hier weniger zu spüren als in Rio oder São Paulo. Musikalisch war die Stadt berühmt für ihre Metal-Bands, allen voran Sepultura. Es war wie das brasilianische Hannover.

Über dem Eingang der Bar Nacional in Belo Horizonte prangte groß und bunt die brasilianische Landesfahne. Aufgeregt begrüßte uns der Manager und teilte uns, bevor wir überhaupt die Location besichtigt hatten, mit, dass er untröstlich sei. Sein wunderschöner Plan ließ sich technisch leider nicht realisieren. Eigentlich hatte er vorgehabt, während unserer Show auf einer riesigen Leinwand hinter uns die deutsche Flagge zu projizieren.

In namenloser, stiller Erleichterung fingen wir an aufzubauen. So unwohl man sich selbst damit fühlte, so unbekümmert gingen die Leutchen hier mit Nationalismen um. Kurz vor Beginn der Show kam DJ Anderson Noise auf die Bühne und warf uns ein paar T-Shirts zu: Unter einem stilisierten Herzen in Schwarz-Rot-Gold stand der Schriftzug »Rave Alemão«.

Inzwischen waren auch die Mitarbeiter des Goethe-Instituts vollzählig erschienen, lange bevor es richtig laut wurde. Und für den größten Teil war es jetzt schon eine Qual. Von einer allgemeinen Party-Verrücktheit in den Instituten konnte keine Rede sein. Es war wohl eher die Begeisterung Einzelner an den richtigen Schaltstellen, denen wir unsere Reise hierhin verdankten. Trotzdem waren alle pflichtbewusst erschienen, und wenn es hilft, gibt man sich eben auch mal eine lärmende Erfahrung im Nachtleben und versucht, Sinn darin zu finden.

Anderson bereitete uns einen besonders pathetischen Auftakt: ein wagnerisches Intro, Nebel, ein Aufleuchten der Golden Scans, und da stand er, mit rasiertem Schädel und nacktem Oberkörper. »I'm Ready« von Josh Wink setzte ein, und Noise streckte die

Fäuste in die Luft, dass das Medallion auf seiner Brust zu tanzen begann.

Unser Auftritt verlief weniger inszeniert und verzichtete ganz auf große Gesten: Konrad spielte Discobasslines zu Justus' Laptop-Programmen, zu denen ich Beats und Acappellas mixte. Das Publikum applaudierte höflich und bewegte sich dezent. Denn es waren vor allem »Maurizios und Patrizias«, bourgeoise Popperschnösel und ihre blasierten Freundinnen, die zu unserer ersten Party in Brasilien erschienen waren.

Die knapp zwei Dutzend Jungs und zwei Mädchen, die zu unserem ersten Workshop am nächsten Tag kamen, waren einfühlsamer. Schauplatz war die Bar Paga, ein kleiner, verspielter Schwulenclub mit Tischtelefonen und Kleinkunst-Anspruch.

Bis zu diesem Zeitpunkt hatten wir uns keinen großen Kopf darüber gemacht, wie wir an einen derartigen Workshop herangehen könnten, sondern einfach nur unser Equipment aufgebaut. Wat soll sein.

Wir machten es so, wie wir es im Wohnzimmer immer machen.

Wir sampelten dieses. Wir loopten jenes.

Wir holten einen Freiwilligen aus dem Publikum. Er sollte ein typisch brasilianisches Wort sagen, damit wir auch das sampeln konnten. Ein hübscher kleiner Disco-Track namens »Bosta« entstand, zu Deutsch »Scheiße«.

In der Diskussion erfuhren wir allerdings, dass Equipment für alle Beteiligten hier das Hauptproblem war. Schlicht zu teuer. Selbst unser vergleichsweise begrenztes und verranztes Material hätte dort Unsummen gekostet. Und das machte es auch großen Talenten fast unmöglich, dort vernünftig zu produzieren. Und wo es keine Produktionen gibt, gibt es auch keine Labels, die sie veröffentlichen könnten. Weshalb nur selten brasilianischer

Techno zu hören ist und brasilianische DJs es schwer haben, im Ausland überhaupt wahrgenommen zu werden.

Auch die Auswahl in den DJ-Shops ist begrenzt. Die wenigen US- und Euro-Importe kosten zwar umgerechnet etwa so viel wie in Deutschland, sind aber im Verhältnis zu den dortigen Lebenshaltungskosten sündhaft teuer. Die meisten DJs behalfen sich mit Bootlegs, auf denen von DJ Pierre über Corona bis zum Tag Team alles durcheinander geschmissen, mit Letraset-Buchstaben beschriftet und in eine fotokopierte Power-Music-Standardhülle gepackt wird. Diese wilden Schönheiten waren zwar auch nicht billiger, aber man bekam zumindest mehr Auswahl fürs Geld.

Alles hier orientierte sich an den Vereinigten Staaten, wobei beim unterprivilegierten Teil der Bevölkerung, in den Favelas, vor allem Gangster-HipHop dominierte. Die Pimps und Pusher mit dem Cash von der Westcoast, Easy-E, die Death-Row-Gang um Suge Knight und Dr Dre prägten hier kräftig die Images. House Music hingegen stellte sich als elitärer Partysound dar, für eine Klientel, die sich aus dem gebildeten Mittelstand rekrutierte. Und es wundert einen kaum, dass für die große Mehrheit der Bevölkerung in den Viel-Millionen-Städten weder das Kulturprogramm irgendwelcher Institutos noch die Bedeutung von deutschem Techno im Welt-Techno eine Rolle spielte. Sie waren damit beschäftigt, sich in den Favelas menschenwürdig einzurichten, und sehnten sich dabei zurück zu den Wurzeln, in den Norden Brasiliens, Richtung Äquator.

4

»Ihr betretet die Stadt durch die Vordertür«, sagte LSDJ Pedrinho, als er uns in der Lobby des Ritz Carlton in Empfang nahm.

Es ist eine künstliche Stadt. Ohne Vergangenheit. Wie Berlin-Alexanderplatz, nur 40 Grad heiß und mit 3 % Luftfeuchtigkeit. Selbst das Licht in dieser Stadt wirkt wie mit Eastmancolor fotografiert. Eine sozialistische Utopie, in der man sofort dehydriert, wenn man nicht mindestens drei Liter Wasser pro Tag trinkt. Brasilia ist die weltweite Nierensteinhauptstadt.

Hier fühlte ich mich sofort wie in einem Sechziger-Jahre-Agentenfilm.

Schon im 19. Jahrhundert hatte der damalige König angedacht, die Hauptstadt weiter ins Landesinnere zu verlegen und somit das Hinterland näher heranzuholen. Erst eine spätere sozialistische Regierung nahm die Sache so richtig in Angriff. In den 40er Jahren erhielt der deutschbrasilianische Stararchitekt Oscar Niemeyer den Auftrag, sich eine moderne Hauptstadt von A bis Z auszudenken. Wie der Meister es plante, geschah es auch, und in den frühen 60er Jahren konnte Brasilia offiziell »eröffnet« werden. Und bis heute dürfen nicht mal die Bushaltestellen dort verändert werden, ohne Niemeyers Erben um Erlaubnis zu fragen.

Brasilia gleicht mehr einem mühevoll in menschenfeindlicher Umgebung aufrechterhaltenen, lebendigen, staatsrepräsentativen, sozialrealistisch-futuristischen Kunstwerk als einer pulsierenden Metropole. Der Grundriss der Stadt ist ein Flugzeug. Im Rumpf reihen sich die Ministerien, Plätze, Kirchen und sonstigen Institutionen aneinander. In den Flügeln wohnt man in durchnummerierten Einheitsblöcken als Dorfgemeinschaften.

Dazwischen liegt Ödland.

Statt sich an die offiziellen Straßenverkehrs-Visionen des Architekten zu halten, hatten sich die Menschen in disziplinierter

Anarchie ein paar ameisenhafte Trampelpfade geschaffen. Die Stadt stammt aus einer Zeit, als auf das Auto noch große, Klassen-befreiende Hoffnungen gesetzt wurden. Ohne Auto stirbt man hier am Straßenrand vor Dehydrierung.

Weil Niemeyer das Wachstum der Stadt total unterschätzt hatte, begann sie schon vor Jahren aus den Nähten zu platzen. Als sie endgültig zu eng wurde, wucherten um die Stadt herum die Satellitenstädte. Hier lebten die Putzmannschaften und das Servicepersonal der innerstädtischen Eliten.

Im Kontrast zur Hauptstadt zählte hier nicht das strenge Diktat des puristischen Architektur-Gottes, sondern es entwickelte sich eine spontane, aber nicht weniger logische Wildwest-Architektur. Entlang einer festgetrampelten Hauptstraße reihten sich einfache Gebäude und Bretterbuden aneinander. Ein Saloon, ein Friseur, ein Plattenladen.

Bei allen kehrten wir ein. Hier eine Dose »Antarctica«, da eine Rasur, und ein paar staubige Samba-Rillen. Der Besitzer von »Discolan« hatte genug Geld für einen leuchtend grünen Anstrich gespart. Der Nachbar gegenüber hatte gerade einen Posten Ziegelsteine günstig erstanden und begann, die Bretterwände zu ersetzen.

In Brasilia selbst wohnte ein ganz besonderes Volk. Es gab keine Industrie, keine Denkmäler, nichts, was Arbeiter oder Touristen hätte anlocken können. Nur utopistisch arrangierte und ausstaffierte Ministerien, Hotels, Shopping-Malls und was eine Stadt der politischen Eliten eben sonst noch so zum Überleben braucht.

Die meisten DJs und Gleichgesinnten, mit denen wir zu tun hatten, gehörten zur ersten Generation, die hier geboren und aufgewachsen war. Allesamt Sprösslinge von Diplomaten oder anderen Funktionären. Sie hatten Europa bereist, waren hip und gebildet. Ich weiß nicht, aber diese surreale Umgebung hier schienen sie von Geburt an als ... normal zu empfinden. Es waren schlaue schräge Vögel, von globaler Bildung und psychedelischer Weltsicht, die sehr stolz darauf waren, in Brasilia zu leben. Viele von ihnen verehrten deutsche EBM-Bands, von denen ich noch nie gehört hatte. Unter den Workshop-Teilnehmern nicht nur in Brasilia, aber hier besonders, schien außer mir niemand besonders an Brasilmusik interessiert zu sein.

»Ja, ja, Chico Buarque, Caetano Veloso, mag sein. Aber wer sind die schon gegen Blixa Bargeld?«

Und selbst brasilianisch gefärbte House Music, Brazilectro, entsteht immer noch eher in Mailand, New York, Freiburg, Wien oder London als ausgerechnet in Brasilia.

Auch LSDJ Pedrinho war von Samba und MPB denkbar weit entfernt. Er hatte längere Zeit in London gelebt, liebte Sweet Exorcist und LFO, den Subsonic-Bleep-Sound aus Sheffield und machte uns mit der tieferen Mystik der Stadt vertraut.

Unter der extrem rational-geplanten Oberfläche brodelte eine sämige esoterische Suppe. Brasilia war das moderne Atlantis, nur umgekehrt. So lautete zumindest die Prophezeiung von Don Bosco: Wenn demnächst die Polkappen wegschmelzen, dann würden all die alten Küstenmetropolen wie New York, LA oder Hamburg in den Fluten versinken. Nur Brasilia würde bei einer neuen Sintflut übrig bleiben, tausend Meter hoch, Tausende Meilen vom Meer entfernt, mitten in der Savanne. Brasilia würde die neue, spirituelle Hauptstadt der Welt, bewohnt von Lichtgestalten, die sie wacker gegen die widrigen Umstände verteidigen, während sie an einem besseren Morgen basteln.

Laut Pedrinho lagerten unter der ganzen Gegend gigantische Quarzflöze reinsten Wassers. Dort unten pulsierten gewaltige

Energien. Zum Beweis brachte er uns am nächsten Tag zum »Tempel des guten Willens«.

Eigentlich war das eine ganz hübsche Einrichtung, vorausgesetzt, man bringt für derlei Dinge etwas Offenheit mit. Auf der Spitze einer blütenweißen futuristischen Pyramide saß der größte existierende Quarzkristall der Welt. Er symbolisierte die einigende Kraft der Liebe und bündelte wie eine Linse kosmische Energievibrationen auf die Mitte des Tempelrunds. Dort befanden sich auf dem Fußboden zwei ineinander verschlungene Spiralen, eine aus schwarzem und eine aus weißem Marmor.

Während des 24/7-Services konnte hier jeder seine Kreise ziehen, egal welcher Konfession. Es gab keinen Pfarrer oder Guru, nur eine Art Angestellte der universellen Liebe. Ein Stockwerk tiefer war das Mausoleum des Schöpfers Alziro Zarur, der seinen speziellen Glauben »The religion of GOD« nannte. Hier sah es endgültig wie im geheimen Hauptquartier von Dr. No aus.

Auch die Party in Brasilia fand im tiefsten Underground statt. Normale Clubs gab es hier anscheinend nicht. An die tausend feinste lateinamerikanische Partykinder hatten sich stattdessen in Schale geworfen und sich in einer Art vergessenem Sektor unter einem Theater eingefunden.

Als wir die Anlage inspizierten, spielte uns der Soundboy und Besitzer stolz den aktuellen Nummer-Eins-Hit in Brasilien vor – »Scatman's World«.

Zunächst legten LSDJ Pedrinho und sein Partner Chan verqueren, untanzbaren Sheffield-Sound von CD auf. Dann übernahmen wir. Das Haus dröhnte mächtig, das Publikum rastete völlig aus. Die Hysterie war schon fast verdächtig. Hier schien es jahrelang keine Party mehr gegeben zu haben. Zum Glück hatte ich neben der Kollektion deutscher Qualitätselektronik noch eine Notration universaler Dancetracks eingepackt. Ich vergaß das kulturelle Mandat und ging mit DJ Sneak und Xpress II richtig zur Sache. In diesem Augenblick war das wichtiger.

Am nächsten Tag packten wir zufrieden zusammen und flogen nach São Paulo, der drittgrößten Stadt der Welt.

5

Der Anflug bei Nacht war magisch. Lichter der Großstadt, so weit das Auge reichte. Für uns waren geräumige Business-Suiten im poschen Stadtteil Jardims, im Galerien- und Boutiquen-Viertel von São Paulo, reserviert. Eine relativ idyllische Ecke irgendwo in diesem stickigen Monstrum mit über 14 Millionen Einwohnern, die Peripherie nicht mitgerechnet.

Das »St. Peter« besaß auf dem verglasten Dach im 16. Stock einen Swimmingpool, von wo aus man wenig Himmel und umso mehr Hochhäuser sah: dicke, dünne, lange, kurze, chaotisch durcheinander gebaute Wolkenkratzer. Anders als in Manhattan oder Frankfurt repräsentierten sie keine Firmen, Institutionen oder architektonische Ambitionen. Die meisten waren einfach nur billige Wohnhäuser.

Ich entdeckte vom Pool aus einen kleinen Park. Dort konnte man auf der Fläche eines Blocks in den Resten von etwas Original-Urwald-Ambiente herumlaufen, wie er sich früher hier befand.

Überall sonst war jetzt ultimativer Großstadtdschungel. An den Straßenrändern kauerte das bizarr zerlumpte und verstümmelte Elend. Klebstoff schnüffelnde Straßenkinder wankten weggetreten über sechsspurige Avenidas.

Über die Hälfte aller Autos in Brasilien fahren mit Alkohol anstatt Benzin. Das verbessert etwas die Kohlenmonoxid-Bilanz, nicht aber das Aroma, das uns nach kaum einem halben Tag bereits brutal die Atemwege verätzte. Angeblich sollen Paulistas, wie die Einwohner São Paulos sich nennen, einen jämmerlichen Erstickungstod erleiden, sobald man sie guter Landluft aussetzt.

Kaum angekommen, gab es auch schon einen Job zu erledigen. Die Party hieß »Dizko Klub« und lief von zwei bis fünf Uhr morgens im feschen Club »Columbia«. Die Bouncer trugen Smoking, ein zwielichtiger Opa war unser Ansprechpartner.

Die Gäste waren schön, reich, jung und langweilig und hatten eine Menge Spaß bei dem Eurotrash-Technopop, den der DJ vor mir auflegte. Dann nahm er seine Baseballkappe mit den Goofy-Ohren ab, packte seine Sachen zusammen und nickte in Richtung Plattenspieler: Ich sollte loslegen.

Als ich, skeptisch, die Kiste geöffnet, gescannt, eine Auswahl getroffen und mich wieder zu den Plattenspielern und dem Publikum umgedreht hatte, traute ich meinen Augen kaum.

Es war, als hätte man am Fernseher weitergezappt. Die Latino-Stenze und ihre blondierten Freundinnen waren verschwunden. Die Crowd war jetzt zu drei Viertel homosexuell, tätowiert, rasiert, versorgt und bereit zur Abfahrt. Ich spielte Kerri Chandlers »Atmosphere«. Seine Trademark-Bassdrum resonierte warm und fett. Vom Dancefloor kam zustimmendes Johlen.

Je später der Abend, desto flamboyanter wurden die Gäste. Eine Delegation nietengespickter Technopunks rückte an, denn um fünf begann ein Stockwerk tiefer der Hells Club. Zuerst hatte ich Health Club verstanden. Aber was sich hier bot, war nicht direkt gesund. Die berüchtigtste After-Hour-Party von São Paulo wirkte eher wie Sodom und Gomorrha, dazu spielte DJ MauMau einen kompromisslosen Soundtrack zwischen Relief Records aus Chicago und Force Inc. aus Mainz.

DJ Renato Lopes zeigte uns den Club A Loca, dessen Besitzer vor dreißig Jahren aus Deutschland ausgewandert war. Unten konnte man tanzen, oben gab es ein privates »Museum der sexuellen Unterdrückung« zu besichtigen, und man konnte sein Bier neben einem antiken Keuschheitsgürtel oder einem Anti-Masturbator aus Bronze abstellen. Danach legten wir in Renatos Stammclub Latino, São Paulos Top-Gay-Disco, noch bis sechs Uhr morgens auf, während ein nicht enden wollender Strom männlicher und weiblicher Glamour Girls über die Tanzfläche paradierte wie über einen Laufsteg.

Ob gesellschaftlich befreiend oder lediglich unterhaltend, Sex und Körperlichkeit waren im Nachtleben der Stadt omnipräsent. Diese Katholiken... Aber mehr noch als in anderen Ländern war das Konzept Klubkultur in Brasilien ganz eindeutig *gay* geprägt.

»Gays support the idea of THE NIGHT. That's very important for a club-owner«, wie der Boss des »Latino« erklärte.

6

»Wenn wir da vorne an der Ampel sind, dann kurbel bitte das Fenster hoch und mach das Knöpfchen runter.« Tanya kannte sich gut aus mit den Verhaltensregeln der verschiedenen Viertel ihrer Stadt. Johannesburg hatte die höchste Kriminalitätsrate der Welt, und da vorne, an dieser Ampel, fing Hillbrow an, der Stadtteil, in dem übers Jahr die meisten Menschen ermordet wurden. Ohne zu zögern, folgte ich ihren Anweisungen.

Tanya hieß als TripHop-DJ T-Star und arbeitete außerdem bei Loxion Kulcha, einem kleinen Laden für selbst gemachte Clubwear. In ihrem schäbigen VW-Bus fuhren wir durch die Nacht ins Sublime. Es regnete in Strömen. In einer Seitenstraße in der Nähe des Clubs fanden wir einen Parkplatz. Schnell stopfte sie ihre langen Locken unter eine dunkle Schiebermütze. Sie klappte ihren Mantelkragen hoch und sah nun aus wie ein abgerissener

Arbeitsloser aus den 20er Jahren. Für sie galt: nur nicht auffallen, gerade nachts, gerade als Frau. Und lieber ein alter VW-Bus als ein tolles Angeber-Auto.

Wir stiegen aus. Ein Mann trat an uns heran und bot seine Dienste als Autowächter an. Tanya gab ihm ein paar Rand.

»Ja, sehr nett von dir, pass bitte gut auf.«

»Sicher, Mister, sicher. Und einen schönen Abend.«

Als wir weitergingen, sagte sie zu mir:

»Das sind alles nur Floskeln, das ist alles ein Ritual. Dahinter steckt nur: Gib mir Geld. Aber wenn man nicht mitspielt, ist hinterher vielleicht das Auto weg.«

Wir waren fast am Club angekommen, als uns von hinten jemand an den Schultern packte und einen gräßlichen Schrei ausstieß. Panisch fuhren wir herum. Ein bärtiger Weißer mit bösem Blick starrte uns an. Dann fuhr er sich durchs wirre Haar, stürmte zwischen uns hindurch und verschwand einige Häuser weiter in einer Bar. An deren Eingang brach sofort ein Getümmel aus. Mit bullerndem Herzen folgte ich Tanya ins Sublime.

Sobald wir den Club betreten hatten, war wieder alles ganz normal. Englischer und deutscher Minimal House pluckerte entspannt vor sich hin. Nichts erinnerte an Johannesburg, und es hätte auch ein angenehmer Szene-Club in Hamburg, Barcelona oder Birmingham sein können. Nur der Anteil schwarzer Afrikaner war vielleicht noch etwas geringer als in einem durchschnittlichen europäischen Club.

Seltsam, aber so lief es hier anscheinend. Die Hautfarben mischten sich in Südafrika immer noch sehr störrisch. Selbst in Szenen, in denen zumindest theoretisch niemand ein Problem damit hatte, blieb man im Wesentlichen unter sich. Eine gewisse Anspannung beherrschte die Atmosphäre.

Carfax war keine kommerzielle Disco, sondern ein Art Space. Ausstellungen, Konzerte, Partys, Präsentationen und dergleichen Dinge wurden hier in einem loftig-modernen Environment abgehalten. Das Carfax befand sich nicht nur in Newtown, einem Industrie-Viertel, das man nachts normalerweise mied, sondern wurde darüber hinaus von einer energischen weißen Frau geleitet. Sasha konnte mit Recht stolz darauf sein, dass es in drei Jahren noch keine größeren Zwischenfälle gegeben hatte. Das Goethe-Institut hatte den Club für eine Warm-up-Party gebucht: »G-Spot«.

Der Anlass: die Eröffnung der neuen Instituts-Räume. Während der Apartheid hatte Goethe in Südafrika keine Dependance. Seit 1996 war es in einem Provisorium untergebracht gewesen. Jetzt aber war das repräsentative neue Refugium in der ehemaligen deutschen Botschaft bezugsfertig. Wo früher der Swimmingpool war, erhob sich nun um einen schattigen Innenhof herum ein moderner, cleaner Bau, der die Bibliothek und die Seminarräume beherbergte. Zur offiziellen Feier des Tages galten die Richtlinien des diplomatischen Protokolls: Ein Streichquartett spielte, Reden wurden gehalten und Häppchen gereicht.

Als DJ durfte ich all dies verschlafen.

Denn in der Nacht zuvor hatte ich bereits im Carfax inoffiziell gefeiert und war dabei einem kleinen Querschnitt des südafrikanischen DJ-Spektrums begegnet: u. a. T-Star, DJ Greg und Ready D, Südafrikas Top-HipHop-Jock. Ganz im Sinne solcher Goethe-Projekte: das gezielte Aufeinandertreffen von Phänomenen, das bewusste Herstellen von Wahlverwandtschaften.

Leider traf das hochkarätige Line-up auf kein vielköpfiges Publikum: An diesem Abend herrschten Rekord-Niederschläge, es war »wet, wet, wet«, wie die Sonntagszeitung schrieb, und folglich ging niemand aus. Vielleicht war es auch die Party-Kampagne: »G-Spot« (mit dem G für Goethe) war ein bißchen *risqué* und schwer decodierbar. Waren die Flyer wirklich optimal verteilt worden? Als Außenstehender kann man das alles schwer beurteilen, aber die lokalen DJs diskutierten ähnliche Konspirationstheorien, wie ich sie bestens von zu Hause kannte.

Aber sieben DJs sind sowieso schon eine Party. Und ein paar Dutzend Unverzagte hatten den Weg schließlich auch noch gefunden. Wo wir schon mal so nett zusammen waren, spielte jeder einen kleinen repräsentativen Set, um sich musikalisch vorzustellen. Als die Reihe durch war, wurde der Laden dichtgemacht. Die DJ-Crew fuhr im »Alle zu mir«-Stil in Tanyas Wohnung. Die Plattenkisten wurden wieder ausgepackt und die Tauschbörse eröffnet. Besonders heiß begehrt waren die Ladomat-, Playhouse- und Kompakt-Platten. Ich dagegen versuchte die ganze Zeit, etwas mehr über Kwaito zu erfahren.

Johannesburg hat nur ein relativ kleines urbanes Zentrum. Fast die gesamte Stadt erstreckt sich gartenartig über eine riesige Fläche. Man wohnt dort Westcoast-mäßig in Donald-Duck-Häuschen mit eigenem Grundstück und ist den ganzen Tag im Auto unterwegs. Jedes Haus schien mit einem elektronisch gesteuerten Zaun umgeben. Jede Tür hatte einen Zahlencode. Während meine neuen DJ-Freunde wie im Schlaf die Sicherheitsroutinen abwickelten, machte mich das nervös.

Die meiste Zeit streiften wir durch die Plattenläden der Stadt und die Buden der anderen DJs. Überall auf der Welt verbringen DJs ihre Tage gleich, mit Rundgängen und Abhängen. Ist man als DJ zu Besuch in einer fernen Stadt, kann man sich in diesen vertrauten Alltag umstandlos einklinken.

Gleichzeitig machte ich meinen Job, denn ich sollte hier Kontakt mit Kwaito aufnehmen. Das war keine japanische Geheimagentin, sondern ein relativ neuer lokaler Musikstil. Und für das Goethe-Institut sollten die Möglichkeiten einer Begegnung von Kwaito mit deutscher Elektronik ausgelotet werden.

Kwaito kannte man kaum. Bisher wurde Kwaito weder exportiert noch lizensiert. Ein expliziter Ghetto-Stil, der sich durch einen House-artig geraden Beat, aber ein deutlich langsameres, wuchtig-rollendes Tempo auszeichnete. Eine freundlich wiegende, fast schon nachdenkliche Tanzmusik, von fast allen World-Music-Klischees bereinigt und daher nur schwer zu verorten. Keine ethnische Folklore, sondern eine afrikanische Musik, die ihre Begegnung mit Elektronik eigentlich schon hinter sich hat. Wirklich cool, damit konnte ich klarkommen.

Die weißen, europhilen DJs wie Greg und Tanya, mit denen ich unterwegs war, bevorzugten Kölner und finnische Minimal-Elektronik. Mir dagegen gefiel die Idee, Kwaito-Sets in Deutschland anzutesten. Im Grunde war es doch pure Party-Musik, die jeder verstehen konnte. Laut Greg groovten bis zu 5000 Menschen auf Kwaito-Bashes in Soweto, schütteten sich bis obenhin voll und feuerten zwischendurch Freudenschüsse ab. Bei jeder Kwaito-Party gab es angeblich ein paar Tote.

»Du musst unbedingt in Soweto auflegen, wenn du wieder kommst. Die Partys dort sind super und wirklich nicht so besonders gefährlich«, versicherte mir Greg. Schon in »normalen« Städten sind DJs oft Informationsmonster in Sachen Kultur, Shopping, Vergnügen und Verpflegung. Hier waren sie auch noch private Sicherheitsexperten. Greg lebte mit einem Bein im globalen elektronischen Underground und fühlte sich der Kölner Szene im Belgischen Viertel stärker verbunden als der HipHop-Szene in Hillbrow. Gleichzeitig waren die Post-Apartheids-Phänomene und -Verwerfungen die tägliche Realität, mit der er leben musste.

»Ein Witz: Was ist der Unterschied zwischen einem Touristen und einem Rassisten?«, fragte mich Peter, ein liberaler englischer Ingenieur, der in einem der riesigen Kohlekraftwerke nördlich von Johannesburg einen hoch dotierten Posten bekleidete. »Zwei Wochen. Der Tourist reist dann wieder ab. Wer länger bleibt, wird Rassist.«

Wir saßen auf der Terrasse eines romantischen Holiday Resorts in den Außenbezirken von Johannesburg und probierten verschiedene Flaschen äußerst hochwertigen lokalen Weißweins, darunter ein Kaapzicht, ein Kanonkop und ein Hanepoot, die noch von der Feier gestern Abend im Kühlschrank standen.

Das Resort war auf Hochzeitsgesellschaften spezialisiert und gehörte den Eltern von Sasha. Am Tag nach der »G-Spot«-Party hatte sie und ihr britischer Lebensgefährte mich hier hinaus gefahren, damit ich mal was anderes sehen konnte.

Ein gepflegter Rasen, auf dem einige weiße Tauben und ein Pfau herumliefen, fiel anmutig zu einem Bach hinab. Die flachen Ziegelhäuser waren behutsam in die sanften, buschigen Hügel gebaut.

Hier sah es spießiger und aufgeräumter aus als in Oberschwaben. Der einzige Unterschied war, dass auf den gepflegten Grünflächen entlang der ruhigen Straßen an diesem stillen Sonntag keine schwarz gekleideten schwäbischen, sondern farbenprächtige schwarzafrikanische Omas mit ihren Sonnenschirmen flanierten.

Hier war die Welt des alten Südafrikas noch in der friedlichen, einträchtigen Ordnung, *die doch so gut für alle funktioniert hatte.*

»Gerade auch für die Schwarzen«, wie Sashas Vater meinte. Er faltete die zerfurchten Arbeiterhände und seufzte:

»Aber wie lange noch?«

Und die Mutter seufzte:

»Dieses Jahr sind wieder Tausende ausgewandert, hauptsächlich nach Australien. Die Neeskens von nebenan ziehen nächsten Monat weg. Vielleicht müssen wir auch irgendwann gehen.«

Mit Missmut, Sorge und einer gewissen Fassungslosigkeit konstatierte der weiße Mittelstand, dass die in den Jahrhunderten seit den Voortrekkern auf überoberschwäbischen Standard getrimmte afrikaansische Infrastruktur in schwarzer Verantwortung immer mehr den Bach runterging.

Und zwar, wie Peter es sah, genau den Bach, der sich dort unten entlangschlängelte: flussaufwärts war eine schwarze Township inzwischen dazu übergegangen, ihre Exkremente in diesen Bach zu verklappen.

Dass mit den politischen nicht auch die wirtschaftlichen Verhältnisse gerechter geworden waren, ignorierten die weißen Afrikaner in ihrem Idyll verzweifelt.

Als ich einige Tage später morgens zerknittert und unrasiert wieder in Köln landete, winkte mich der freundliche Zöllner am Exit zu sich herüber und fragte:

»Wo kommen Sie denn her?«

»Aus Johannesburg«, stöhnte ich.

»Ach wirklich? Na, dann darf ich doch sicher mal einen Blick in Ihre Kiste da werfen. Was ist denn da drin?«

»Meine Schallplatten.«

»Ach? Und was haben Sie mit denen in Johannesburg gemacht?«

»Ich bin DJ und hab da zur Eröffnung des Goethe-Instituts gespielt. Wissen Sie?« Nur ein müder, verspannter DJ nach einem langen Flug.

Der Beamte zog einen dicken Stapel Platten hoch und sah darunter, vielleicht auf der Suche nach einem doppelten Boden voller Drogen. Er sah sich eine der Platten genauer an: »Crocker« von Mike Ink auf New Tranceatlantic, schüttelte dann nachdenklich den Kopf und rief seinem Kollegen auf der anderen Seite des Durchgangs zu:

»Lurens, Horst, wann hast du so was zum letzten Mal gesehen? Ich dachte, die wären ausgestorben.«

Er hielt das Vinyl hoch und winkte ihm damit.

»Nä, wat soll dat denn sing«, nölte dieser von gegenüber.

Der Beamte grinste mich nachsichtig an, als wenn ich bekloppt, aber harmlos wäre. Dann bat er mich, auch einen Blick in die Reisetasche werfen zu dürfen. Umständlich zog er ein paar grüne Gummihandschuhe an, mit denen er in meinen Sachen herumfingerte. Als er auch hier nicht fündig wurde, durfte ich abschieben.

Ich hatte es wieder mal hinter mir.

Listenwesen

»Hey DJ just play that song keep me dancin all night long«
WORLDS FAMOUS SUPREME TEAM, *»Hey DJ«*

Als ginge es ums Überleben – Punk
Buzzcocks – »Everybodys Happy Nowadays« • Dead Kennedys – »Holidays In Cambodia« • B-52's – »Rock Lobster« • Devo – »Mongoloid« • Sex Pistols – »Anarchy In The UK« • The Ruts – »Babylon's Burning« • 999 – »Homicide« • X Ray Spex – »Identity« • The Damned – »Love Song« • Spizz Energy – »Where's Captain Kirk?«

Disco war tiefer
Inner Life – »Moment Of My Life« • Loose Joints – »Is It All Over My Face?« • Sylvester – »I Need You« • Chicago – »Street Player« • MFSB – »Mysteries Of The World« • Unlimited Touch – »I Hear Music In The Streets« • GQ – »Disco Nights« • Roy Ayers – »Running Away« • Chaka Khan – »Any Love« • Patti Jo – »Make Me Believe In You«

Old School Rap
T-Ski Valley – »Catch The Beat« • Grandmaster Flash – »The Message« • Kurtis Blow – »The Breaks« • Gary Byrd – »The Crown« • Funky Four Plus One – »That's The Joint« • Younger Generation – »We Rap More Mellow« • Grandmaster Flash – »The Adventures Of Grandmaster Flash On The Wheels Of Steel« • Run DMC – »Rock Box« • The Treacherous Three – »The New Rap Language« • Rammelzee vs. K Rob – »Beat Bop«

Schick und zickig – Club New Wave
Human League – »Being Boiled« • Yello – »Bostich« • Die Krupps – »Wahre Arbeit, Wahrer Lohn« • Liaisons Dangereuses – »Los Ninos Del Parque« • PigBag – »Papa's Got A Brand New PigBag« • Heaven 17 – »We Don't Need This Fascist Groove Thing« • Dominatrix – »The Dominatrix Sleeps Tonight« • The Normal – »Warm Leatherette« • Kraftwerk – »Tour De France« • Afrika Bambaataa & Soul Sonic Force – »Planet Rock«

Eine funkige, funkelnde Art von Dance Pop
Talking Heads – »Born Under Punches« • Scriti Politti – »Wood Beez« • TomTom Club – »Wordy Rappinghood« • Kid Creole & The Coconuts – »Stool Pigeon« • Chaka Khan – »I Feel For You« • Grace Jones – »Pull Up To The Bumper« • The Clash – »The Magnificient Seven« & »Rock The Casbah« • Chaz Jankel – »Glad To Know You« • Freeez – »I. O. U.« • Indeep – »Last Night A DJ Saved My Life«

Eine eklektische Mischung aus Funk, Glam und Classics
Prince – »Raspberry Beret« • T. Rex – »Metal Guru« • KC & The Sunshine Band – »That's The Way I Like It« • ABC – »Be Near Me (Munich Disco Mix)« • Trouble Funk – »Drop The Bomb« • Sheila E. – »The Glamorous Life« • The Cult – »Love Removal Machine« • Pet Shop Boys – »West End Girls« • Beastie Boys – »No Sleep Til Brooklyn« • Salt 'n' Pepa – »Push It«

Eine großartige Phase für HipHop
A Tribe Called Quest – »Definition Of A Fool« • Jungle Brothers – »Straight Out The Jungle« • De La Soul – »Me, Myself and I« • Public Enemy – »Fight The Power« • LL Cool J – »The Boomin' System« • EPMD – »It's My Thing« • Big Daddy Kane – »Raw« •

Stetsasonic – »Talkin All That Jazz« • Digital Underground – »Doowutchyalike« • Gang Starr – »DJ Premier Is In Deep Concentration«

Sampling Pop
M/A/R/R/S – »Pump Up The Volume« • S-Express – »Theme From S-Express« • Eric B. & Rakim – »Paid In Full (Coldcut Mix)« • Rob Base & E-Zee Rock – »It Takes Two« • KLF – »Doctorin The Tardis«

Acid war ganz neutral
Tyree – »Acid Over« • DJ Pierre – »Box Energy« • Phuture Pfantasy Club – »Slam« • Longsy D – »This Is Ska« • Todd Terry – »A Day In The Life« • Baby Ford – »Oochie Koochie« • Chip E. – »Like This« • Adonis – »We're Rockin Down The House« • Mr. Lee – »Art Of Acid« • Mike »Hitman« Wilson – »Bango Acid«

Die erhebende Energie von Garage
Ten City – »That's The Way Love Is« • Phase II – »Reachin« • Magnetic Touch – »You Deserve It« • Sense Of Vision – »All Of My Love« • Joe Smooth – »Promised Land« • Inner City – »Big Fun« • Park Avenue – »Don't Turn Your Love« • Raven Maize – »Forever Together« • Turntable Orchestra – »You're Gonna Miss Me« • Stardust – »Blazin«

Die feinsinnige Schule aus Detroit
Rhythim Is Rhythim – »Strings Of Life« • Juan – »Techno Music« • UR – »Galaxy II Galaxy« • Reese – »Rock To The Beat« • Kevin Saunderson – »The Groove That Won't Stop« • The It – »Sittin On Top Of The World« • Model 500 – »No UFOs« • 69 – »4 Jazz Funk

Classics« • Inner Sanctum – »Inner Sanctum« • Drexicya – »Deep Sea Dweller«

Die kontemplative Stimmung von Deep House
Marshall Jefferson presents The Truth – »Open Your Eyes« • The Logic – »The Warning« • Soundwaves – »I Wanna Feel The Music« • Bobby Konders – »The Poem« • Afrodisiac – »Song To The Siren« • Tikkle – »Outer Limits« • The New Sound Of Soul – »The Strength« • Da Rebels – »Come To Me« • KC Flight – »Voices« • Peter Panic Presents Roots & Culture – »A Blackman And A Blackman«

Sirius Sound System: Club Soul, Bleeps und Manchester Sound
Stereo MC's – »Elevate Your Mind« • Soho (London) – »Hippychick« • Soho (New York) – »Hot Music« • Bizarre Inc. – »Playing With Knives« • Ronin – »Jailbreak« • Tuff Little Unit – »Join The Future« • PM Dawn – »A Watchers Point Of View (Todd Terry Mix)« • Young Disciples – »Apparently Nothing« • Primal Scream – »Come Together« • The Charlatans – »The Only One I Know« • Nightmares On Wax – »A Case Of Funk« • Dub Poets – »Black & White« • Massive Attack – »Any Love« • LFO – »LFO« • Jamalski – »Let's Do It In The Dancehall« • Barrie K. Sharpe – »Masterplan« • Soul II Soul – »Jazzies Groove« • Most Wanted – »Calm Down« • Ziggy Marley – »Kozmic« • Monie Love – »It's A Shame«

Koolin in Konstanz: Favoriten 1991–93
Deee-Lite – »Groove Is In The Heart« • Pal Joey – »Spend The Night« • Sabrina Johnson – »I Sing For Harmony« • Blackbox – »Everybody, Everybody« • Rebel MC – »The Wickedest Sound« • Andronicus – »Make You Whole« • Arrested Development –

»Tennessee« • Numarx – »Do It Good (Basement Boys RMX)« • If? – »Saturday Angels« • 33 1/3 Queen – »Searchin«

Die ganze billige Pracht – US Underground House
Raw Elements – »Raw Basics« • Cajmere – »Underground Goodies Vol. 1–4« • Two Men On A Struggle – »The Projects« • K-Alexi – »Don't Cha Want It« • Terry »Housemaster« Baldwin – »Groovin« • Earth People – »Reach Up To Mars« • MC Connection – »Kan U Pump It?« • Erb – »The Weekend« • G. U. – »I Need G. U.« • Philipp Damien – »Technique« • Traxxmen – »Basement Traxx«

Massive Sounds in A Garage House Style
Simone – »My Family Depends On Me« • Urban Soul – »Alright« • Basil Hardhouse – »Hard For The DJ« • Bobby Konders – »Let There Be House« • Inner City – »Pennies From Heaven« • Robert Owens – »I'll Be Your Friend« • Mass Order – »Lift Every Voice« • Blacktraxx – »Your Mind Is So Crazy« & »Doctors Housecall« • X-Press II – »Muzik Xpress« • Ultra Naté – »Rejoice« • Cajmere feat. Dajae – »Brighter Days« • Injection – »I Don't Need It« • Alison Limerick – »Make It On My Own« • Jamie Principle – »You're All I Waited For« • Lil' Louis – »Lonely People« • Take One – »Say My Name I Don't Think So« • Park Avenue – »Don't Turn You Love« • MK – »Burnin« • Original Rockers – »Push Push« • Baby Robot – »The DJ Was Amazing« • DJ Smash – »It's Nice To Have Money«

Tut mir leid, das hab ich nicht
Modjo – »Lady« • Spiller – »Groovejet« • Moloko – »Sing It Back« • Jaydee – »Plastic Dreams« • Junior Vasquez – »Get Your Hands Off My Man« • Robin S – »Show Me Love« • Michael Jackson –

»You Rock My World« • Tom Novy – »I Rock« • Robbie Williams – »Rock DJ« • Alcazar – »Crying At The Discoteque«

Mist, das habe ich zu Hause vergessen
1. Kopfhörer-Adapter Klinke auf Miniklinke
2. Minidisc-Aufnahmekabel
3. Telefon-Aufladekabel
4. Singles Puck
5. Badehose
6. Bahncard
7. Sonnenbrille
8. Schlafmaske
9. Zahnbürste
10. From: Disco To: Disco

Notration universaler Partytracks
Wink – »A Higher State Of Consciousness« • Johnny Vicious – »I Luv Muzik (A Vicious Disco Mix)« • DJ Sneak – »Forever Disko« • Daft Punk – »Music« • Sluts'n'Strings'n'909 – »In Your Pretty Face« • Romanthony – »In The Mix« • Joe Roberts – »Lover« • Cajmere – »Horny« • Stardust – »Music Sounds Better With You« • Ruffneck – »Everybody Wants 2 Be Somebody« • Real 2 Reel – »I Like To Move It« • The Click – »If You Came To Party« • Caucasian Boy – »Northern Lights« • Blunted Dummies – »House For All« • DJ Rai – »Brainwaves« • Green Velvet – »Flash« • Paperclip People – »Throw« • Darryl James/David Anthony Project – »It's Gettin Bigger« • Bucketheads – »The Bomb« • Paul Johnson – »Bump Talkin«

Aus Erfahrung Gut – Deutsche Qualitätselektronik
Burger Ink für Kompakt, Köln • Move D für Source, Heidelberg •

Thomas P. Heckmann für Force Inc., Frankfurt • Sensorama für Ladomat, Hamburg • Losoul für Playhouse, Offenbach • Steve Bug für Pokerflat, Hamburg • DJ Hell für International DeeJay Gigolos, München • Maurizio für Basic Channel, Berlin • Markus Nikolai für Perlon, Frankfurt • C-Rock für Stir 15, Hanau • Ricardo Villalobos für Ibiza

Heute Nacht ist eine gute Nacht zum Auflegen – Private Lieblingsstücke
Equation – »I Say A Prayer For You« • Moodymann – »The Day We Lost The Soul« • Pal Joey – »Party Time« • Code 718 – »Equinox« • Terrence Parker – »The Emancipation Of My Soul« • K.C.Y.C. – »Under Control« • Paul Simpson – »Danger Love Dance« • Chez Damier & Ron Trent – »Hip To Be Disillusioned« • Mental Instrum – »Say Yeah« • Paul Johnson – »Bump Talkin« • The Untouchables – »Yeah C'mon« • The Jackie Allstars – »The Jackie Hustle« • Mood Swing – »225 The Street« • Lowkey – »Love Magic« • Urban Rhythm – »Hypnotize Me« • Houze Negroes – »How Do You Love A Black Woman?« • Underground Solution – »Luv Dancin« • House Beat Mechanics – »Ooh So Nice« • Kenny Dope – »Jam The Mace« • Kerri Chandler – »A Basement, A Red Light, And A Feeling«

Written and produced by N. Jones, The Don
»Muzik Is Life« • »Generate Power« • »Fall« • »What Is House Music« • »More Than Just A Dance« • »Master Blaster« • »Touch Me Right« • »The Horn Song« • »Inside Out« • »Don't Take It Away« • »Raving Lunatics« • »Atom Bomb« • »Scream For Daddy« • »Plastic« • »Annihilating Rhythm«

Klassische Acappellas

»Jump, jump, a little higher, jump, jump, until you get tired, house your body, house your body …«

JUNGLE BROTHERS, »*I'll House You*«

»Think it, dream it, have it, hold it, mould it, you got to make it, do it, touch it, try it, they'll buy it, sing it, say it, freak it, work it, don't jerk it, make it, don't fake it, conceive it, do it, do it, if you believe it, and feeeeel it!« PEECH BOYS, »*Life Is Something Special*«

»It's hot in here. It's dark in here. It's wet in here. I like it here. Don't you want everything? Get ready. March, come on, I'll take you there, take you there.« THE LOOK, »*March*«

»One thing I can't stand is to sit home all alone. Do what you like my dear but you know I'm not staying home. Maybe I'll find a friend to spend the weekend. Tonight it's partytime, it's partytime tonight.« CLASS ACTION, »*Weekend*«

»This man is not like other man. And I know every lady out there today feels the same thing. Every lady knows that her man is special, he's special to her. No matter how he looks baby, it's the inside that counts. It's what upfront that counts!«

LOLEATTA HOLLOWAY, »*Dreamin*«

»The Warning. Phase One. The seed is planted when opposites attract. Can you dig it? It takes the physical to create the physical. Phase Two. The flower blossoms through what seems to be a concrete surface. I. e.: greed, racism, insanity, physical or social handicaps. These are the things that mold the flower. Red rose or black rose, no inbetween. Phase Three. The judgement. If it were to fall upon you today, which flower would you be? The red rose or the black? This is the warning.« LOGIC, »*The Warning*«

»Wait a minute ... Did he hang up on me? Let me call this black african american negro back ... I know he didn't leave ... I wonder where he went. Could he be at The Tunnel? The Fridge? Red Zone? The Hub Club? High On Hope? Noooo. He's at The Wildlife ... Let me visit him.« LIL'LOUIS, »*I Called U*«

Hans Nieswandt

Plus Minus Acht

Erscheint als Hörbuch im Frühjahr 2003

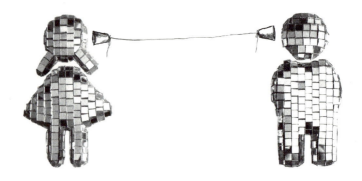

www.dg-literatur.de

ISBN 3-462-03096-5 **LITERATUR**